网络交易平台

治理结构研究

——基于比较制度分析的范式

石海瑞◎著

中国财经出版传媒集团

经济科学出版社

Economic Science Press

图书在版编目（CIP）数据

网络交易平台治理结构研究：基于比较制度分析的
范式/石海瑞著 . －－北京：经济科学出版社，2022. 11
　ISBN 978 － 7 － 5218 － 4329 － 3

　Ⅰ. ①网…　Ⅱ. ①石…　Ⅲ. ①网上交易 － 监管机制 －
研究 － 中国　Ⅳ. ①F724. 6

中国版本图书馆 CIP 数据核字（2022）第 219708 号

责任编辑：郎　晶
责任校对：隗立娜
责任印制：范　艳

网络交易平台治理结构研究

——基于比较制度分析的范式

石海瑞　著

经济科学出版社出版、发行　新华书店经销

社址：北京市海淀区阜成路甲 28 号　邮编：100142

总编部电话：010 － 88191217　发行部电话：010 － 88191522

网址：www. esp. com. cn

电子邮箱：esp@ esp. com. cn

天猫网店：经济科学出版社旗舰店

网址：http：//jjkxcbs. tmall. com

北京季蜂印刷有限公司印装

710 × 1000　16 开　11. 5 印张　190000 字

2022 年 12 月第 1 版　2022 年 12 月第 1 次印刷

ISBN 978 － 7 － 5218 － 4329 － 3　定价：52. 00 元

（图书出现印装问题，本社负责调换。电话：010 － 88191510）

（版权所有　侵权必究　打击盗版　举报热线：010 － 88191661

QQ：2242791300　营销中心电话：010 － 88191537

电子邮箱：dbts@ esp. com. cn）

前　　言

　　数字经济背景下，互联网、大数据、云计算等现代信息技术的发展及应用，颠覆了人们传统的生活方式，催生了平台经济。平台组织作为一种新型组织，成为推动社会经济发展的重要力量，而其中当属网络交易平台历时最长、发展最成熟。从表面看，网络交易平台像市场，交易各方在平台上依靠价格机制自发调节并直接交易；又像一对多的合作关系网络，平台企业及其供应商相互依赖并合作，共同服务于消费者；也像层级制组织，平台企业依靠平台所有权拥有凌驾于供应商之上的权威，向供应商发号施令。然而如上所述，网络交易平台兼具市场性、层级性与混合性的特质，导致了其组织属性模糊。不同的组织具有不同的治理逻辑，因此网络交易平台组织属性的界定成为平台治理的关键。

　　组织的属性往往由其治理结构定义，本书以网络交易平台治理结构为研究对象，基于比较制度分析范式，应用编码技术和跨案例研究方法，提取了能够刻画网络交易平台治理结构的核心构念，并基于这些构念挖掘网络交易平台治理结构的不同类型及其特征，构建了网络交易平台治理结构的靶盘模型；进而在梳理传统治理结构选择影响因素的基础上结合平台实践，通过平台内外因素的考量，进行网络交易平台治理结构选择因素的提取，利用定性比较分析方法（QCA），探究网络交易平台治理结构选择的不同要素组合，进而识别核心要素与边缘要素；最后，在理论推演网络交易平台治理结构及其核心选择要素匹配逻辑的基础上，考虑时间因素，构建网络交易平台治理结构及其核心选择要素的动态匹配模型，并利用 NK 模型对该理论模型进行模拟仿真分析，探索网络交易平台治理结构变化背后的深层原因，探寻网络交易平台的最优演化方式。

　　本书得到如下研究结论：（1）基于比较制度分析方法，进行网络交易平台治理结构的特征分析，探寻网络交易平台的组织属性。第一，网络交易平台治理结构存在 4 种类型——具有层级治理特征的全自营式，以及具有混合治理特征的集贸式、商城式与半自营式；第二，网络交易平台治理结构表现出了与传统治理结构明显不同的新特征——市场治理的高能激励与层级治理的强管控在网络交易平台治理结构中相互融合、通过规则的协调以及同一网络交易平台呈现多种治理结构并存的多重性特征；第三，构建网络交易平台治理结构的靶盘模型实现网络交易平台组织属性的辨析及治理结构的设计。（2）利用构型分析识别网络交易平台治理结构选择的影响因素。第一，平台企业的关系专用性投资以及平台企业与供应商之间的相互依赖性是决定网络交易平台治理结构选择的核心要素；第二，需求的不确定性、任务复杂性以及供应商的关系专用性投资在选择中也提供了辅助贡献。因此，交易成本理论和组织协调理论对网络交易平台背景下的治理结构选择依然具有主要的解释力，但是网络交易平台背景下治理结构的选择也体现了新平台经济的特征，需要平台理论中的基础理论——长尾理论的辅助解释。（3）对网络交易平台治理结构与其核心选择要素进行动态匹配。第一，随着时间的推移，在集合依赖模式下集贸式治理结构达到了绩效最优，在顺序依赖模式下商城式治理结构达到了绩效最优，而在互惠依赖模式下半自营治理结构达到了绩效最优。第二，在集合依赖模式下，采取集贸式治理结构的网络交易平台中平台企业通过渐进式探索更容易实现平台的最优绩效；在顺序依赖模式下，采取商城式治理结构的网络交易平台通过平台企业与供应商的同时变异的跨越式探索方式更容易实现平台的最优绩效；在互惠依赖模式下，采取自营式治理结构的网络交易平台中通过平台企业变异的跨越式探索更容易实现平台的最优绩效。第三，互惠依赖模式是网络交易平台的最佳演化方向。

本书的主要创新之处表现在以下三个方面：（1）创新性地把比较制度分析范式引入网络交易平台治理结构研究之中，拓宽了传统组织治理结构理论的适用边界，拓展了比较制度分析的应用场景，同时对网络交易平台组织属性给出了基于经典理论的新诠释，为平台治理研究奠定了理论基础；（2）创新性地识别网络交易平台治理结构的核心选择要素和边缘选择要素，并厘清了处于不同地位选择要素的不同解释机制，一方面确定了经典组织理论解释治理结构选择的核心地位，另一方面也发现了其在新组织形态中的解释力不足，从而确立了传统理论与平台新理论的共同解释机制；（3）创新性地引入时间变量，突破已有研究局限，从动态演化的视角探寻网络交易平台的最优演化方式和方向。

　　本书的研究实现了平台治理理论与传统经典组织理论的对话,为平台治理理论的研究提供了一个新视角,同时将平台治理理论建立在坚实的传统组织理论基础之上,推动了平台治理理论的发展。同时在研究结论的基础上结合平台治理实践,本书进行了网络交易平台治理结构的策略分析,包括网络交易平台治理结构的设计策略、选择策略及发展策略,为网络交易平台治理实践提供了可操作性指导。

目　　录

第一章

绪　　论

第一节 研究背景与意义

一、研究背景

21世纪以来，互联网、大数据、云计算等现代信息技术的发展及应用，颠覆了人们传统的生活方式，催生了平台经济，使很多行为在线进行，如交易行为、社交行为、内容发布、自媒体等，从而产生了各种类型的平台，包括创新类平台、交易类平台、内容型平台、社交性平台等，而其中当属交易类平台历时较长且发展较为成熟。零售领域的交易类平台有淘宝、天猫、京东、拼多多、网易严选等；出行领域的交易类平台有滴滴、曹操出行、T3出行、首汽约车等；旅游度假领域的交易类平台有携程、飞猪、同程、途牛等；本地生活领域的交易类平台有美团、饿了么等；生鲜领域的交易类平台有每日优鲜、叮咚买菜、盒马鲜生、京东到家等。众多网络交易平台的出现推动诸多行业发生了深刻的变革。

然而，仔细观察却发现，同处零售领域，既有像集贸市场一样的淘宝，又有像购物中心一样的天猫、京东，京东商城内嵌京东自营和京东POP（platform open plan，开放平台计划），云集、小米有品在自营的基础上不断搭建开放式平台，此外还有从工厂到销售一条龙的网易严选；同处出行领域，既有完全依赖社会车辆的滴滴出行，又有几乎全部依赖自有车辆的曹操

1

出行，同时还有以自有车辆为保障以社会车辆增加运力的首汽约车，而曹操出行也在自营的基础上逐步开放平台，加入社会运力；同在旅游度假行业，仅仅一个携程度假领域就有携程自营、携程代理、携程零售。

因此，这些网络交易平台有的像是市场，供求双方在平台上依靠价格机制自发调节并直接交易；有的像是一对多的合作关系网络，平台企业及其互补商相互依赖并合作，共同服务于消费者；也有的像是层级制企业，平台企业依靠平台所有权拥有凌驾于互补商之上的权威，向互补商发号施令。众所周知，不同的组织具有不同的治理逻辑，那么，作为一种新型组织形态，网络交易平台的组织属性是什么，与传统组织类型有何不同？

组织属性由组织的治理结构定义（Klein et al.，2019），是指保证契约关系完整性和可靠性的组织框架（Williamson，1975）。威廉姆森（Williamson）以交易为分析单位，提出"治理结构"一词，并通过"激励强度、管理控制、适应性和契约法"对治理进行维度化来刻画治理结构的特征，明确区分了市场、层级和混合制三种经济社会中最主要的治理结构，阐明三者之间不同的逻辑。他认为不同治理结构具有不同的组织属性，彼此之间不能串换，即所谓的"比较制度分析法"，它是交易成本理论研究的基础。然而如上所述，网络交易平台兼具市场性、层级性与混合性，明显有悖于"组织形式不能串换"的论断，这决定了对网络交易平台治理结构的判断不能简单采取"拿来主义"。

目前关于网络交易平台组织属性的已有研究较少，而关于平台治理的研究中，有的从机会主义行为出发（Evans，2012），有的从协调视角出发（Tiwana，2013；汪旭晖、张其林，2016），有的从市场失灵的角度出发（Boudreau & Hagiu，2009；汪旭晖、张其林，2015，2017），其中大多数研究都将平台组织与传统组织视为不同的组织类型，但却极少有人研究二者的具体区别。究其根源，在于缺少与威廉姆森"比较制度分析"的对话，使得平台治理研究从理论上缺少清晰的范式。基于此，本书从比较制度分析范式入手，基于对国内典型的网络交易平台的编码分析和跨案例研究提取网络交易平台治理结构的核心特征，探索网络交易平台的组织属性；继而，挖掘网络交易平台治理结构选择的影响因素，并利用定性比较分析方法进行构型分析，识别网络交易平台治理结构的核心选择要素、边缘选择要素及其不同的选择路径；最后，构建网络交易平台治理结构及其核心选择要素匹配模型，并对该模型进行模拟仿真，以期探索网络交易平台治理结构演化的根本原因，从而优化平台的演化方式。

二、研究意义

（一）理论意义

第一，为平台治理理论研究提供了一个新视角。目前大多数关于平台治理的研究都暗含一种假设，即平台组织属性与传统组织属性不同，但具体区别在哪里鲜有分析。本书从威廉姆森的"治理结构比较制度分析"范式入手，结合网络交易平台治理结构的新特点，挖掘网络交易平台的组织属性，识别网络交易平台治理结构的核心选择因素及其与治理结构的动态匹配过程。本研究为平台治理理论的研究提供了一个新视角，实现了平台治理理论与传统经典理论的对话，同时将平台治理理论的发展建立在坚实的传统组织理论的基础之上。

第二，为治理结构比较制度分析拓展了一个新的应用情境。治理结构理论是经典组织理论中的一个核心理论，从科斯 1937 年发表《企业的性质》开始，治理结构的讨论从最初的"二分法"到"三分法"甚至"四分法"，不同的治理结构具有不同的特征。然而一直以来对它的应用仅限于传统组织领域中，尤其是关于市场与企业的选择问题以及超越市场与企业的混合制的选择问题。平台组织作为一种新兴组织，既继承了传统组织的特征，又展现出了新的组织特征，利用比较制度分析方法，在使平台治理理论的研究继承传统组织理论精华的同时，也拓宽了传统组织理论中治理结构理论的适用边界，拓展了比较制度分析方法的应用情境。

（二）实践意义

第一，网络交易平台组织属性的探析为网络交易平台治理实践提供理论指导。界定清晰的组织属性是组织治理的逻辑起点，治理结构本质上是治理机制的组态，不同的治理结构意味着各种治理机制的不同匹配方式，因此无论平台企业选择或设计何种治理结构，都要根据组织属性配置相应的治理机制，包括激励机制、决策权配置、管理控制机制。实践中经常存在由于治理机制冲突而导致的顾客利益受损的情况，往往就是由于治理结构的设计中忽视治理机制的匹配。因此，网络交易平台组织属性的探析指导了实践中的平台治理。

第二，网络交易平台治理结构影响因素的研究为平台企业治理结构选择提供实践指导。实践中，组织常常通过结构变革提高系统的效率和柔性，同理平台企业也常常面临着治理结构的变革，以适应不断变化的内外环境。网络交易平台治理结构选择影响因素的构型结果，可以指导平台企业根据其所处的内外环境来选择合适的治理结构，核心要素的识别有利于平台企业及其供应商抓住治理结构变革的本质规律。

第三，网络交易平台治理结构核心选择要素与治理结构的动态匹配机理研究为网络交易平台的选择及发展演化提供路径引导。实践中，网络交易平台有的从封闭式逐步开放，有的从开放式走向封闭，有的从此品类扩张到彼品类，有的从垂直走向综合，而在其不断演化过程中，有的平台企业逐步走向了繁荣，构建了强大的生态系统，如京东、美团、阿里巴巴，有的平台企业却走向了衰落，甚者死亡，如聚美优品、凡客诚品，而有的平台企业停滞不前。对网络交易平台治理结构与核心要素的动态匹配分析可以帮助平台企业抓住问题的本质，制定平台发展战略。

第二节 文献综述

一、网络交易平台组织属性研究

关于网络交易平台组织属性的研究较少。古拉蒂等（Gulati et al.，2012）提出元组织的概念，其中企业或个人是自治的参与主体，不存在基于雇佣关系的权威约束，但整个元组织具有系统级目标，核心企业拥有基于专长、声誉、守门员特权或对关键资源、技术的控制权的非正式权威，而成为元组织的架构师，积极塑造元组织的形态。虽然古拉蒂将平台归入元组织，但是由于元组织与传统的混合制区分并不明显，因此无法判断元组织与市场、层级及混合制的区别所在。之后，克雷奇默等（Kretschmer et al.，2020）基于古拉蒂的思想将平台概念化为元组织，认为平台既不具备企业的层级工具，也不具备市场的独立决策能力。成功的平台需要协调可能存在利益冲突的参与者，从而形成了作为元组织的平台的一些显著的特性，特别是在平台中权力的来源、激励机制及其治理和协调结构。雅格拜兹等（Jacobides et al.，2018）立足于平台生态系统提出，模块化与非通用互补性导致了平台生态系统取代传统的基于市场的安排或层级的安排，而成为一种经济关系的新结构。吴义爽、王节祥（2017）用"集市"来刻画平台的组织属性，强调它以一种特殊机制涵盖了权威的管理机制、自由市场的竞争与交易机制以及网络关系。2019 年吴义爽提出平台组织的双重属性——自组织和他组织，而其中自组织特性以他组织特性为前提。因此，吴义爽更倾向于将平台组织看成兼具市场、层级及混合制特点的新型组织。但是吴义爽的解释对现实中网络交易平台所体现的不同形态无法给出更好的解释，如同为购物平台，有像集贸市场的淘宝，有像购物中心的京东，还有像工厂直销的网易严选。

而更多的学者在研究平台治理时，对平台组织属性设置了暗含性假设。

有的学者将其看作市场，认为应从市场失灵的角度出发进行治理。围绕平台所形成的多边市场充满了外部性等市场失灵问题，因此平台治理在依靠价格机制的同时，还需要依靠非价格机制（Boudreau et al.，2009），但是与传统市场失灵需要政府治理不同，平台企业制定规则对平台进行治理更为有效（Evans，2012）。也有学者专门探讨网络交易平台中的柠檬问题，如提瓦纳等（Tiwana et al.，2014）将其看成是自组织的市场，利用信号理论探讨了在没有集中监督的情况下的柠檬问题。虽然数字技术的采用大大降低了信息不对称，但却仍然存在严重的柠檬问题，而处于多边市场中的平台企业成为具有信息优势的"类政府机构"，在治理柠檬问题中发挥重要作用（汪旭晖、张其林，2017），因此在平台上构建私有秩序和公共秩序共存的"平台—政府"双元治理模式进行平台治理更为有效（汪旭晖、张其林，2015）。

有的学者将其看成是平台企业与供应商形成的平台型网络来研究治理问题。刘林青等（2015）在研究平台企业领导权的获取时，就是基于平台型网络的组织属性假设而进行的研究。而汪旭晖、张其林（2016）明确提出平台型电商企业与平台卖家建立了介于层级制和市场制之间的中间型关系。彭本红（2016）在研究平台中的合同治理和关系治理时，很显然也是将平台看作一个合作关系网络。

有的学者将其看成兼具市场、科层乃至混合制特点的新型组织。白景坤等（2017）虽然明确以"平台企业网络"为研究对象，但是认为在平台发展初期带有科层性质的指挥、协调、控制的他组织发挥着主导作用。与白景坤的观点类似，莱尼等（Leoni et al.，2019）强调平台企业使用正式的官僚控制系统作为管理和控制其供应商的机制，说明他组织特性在平台中的重要性。而王节祥等（2018）则明确做出了"平台治理是一种兼具市场、科层乃至政府特征的新型治理形式"的论断。

还有的学者采取权变观点，认为平台的组织属性应该视具体情况而定。杜玉申、杨春辉（2016）建议将平台治理的双边市场范式和系统竞争范式与平台所处情境相匹配，其中双边市场范式将平台看作市场，而系统竞争范式将供应商看作平台企业的合作伙伴，共同服务于消费者。芬威克等（Fenwick et al.，2018）也曾提出平台类型既可以是传统企业微调的权力集中式平台，也可以是基于区块链的分散自治式平台，具体要视所处环境和平台企业目标而定。

因此，学术界对网络交易平台组织属性的界定较为模糊。而不同的组织具有不同的治理逻辑，因此，网络交易平台组织属性的辨析成为必然。

一个组织的组织属性由其治理结构定义（Klein et al.，2019）。治理结构一词最早由威廉姆森于1985年提出，是指保证契约关系完整性的制度安排，明确了关于"谁进、谁出，谁获得什么"的基本规则，在搭便车、机会主义等风险的假设下，治理结构试图通过设置决策权分配及租金分配的治理机制组合而降低以上风险（Klein et al.，2019）。因此，协调和控制经济交易的治理机制的特定组态形成了不同的治理结构（Ebers & Oerlemans，2016）。其中市场、层级及混合制是3种基本的治理结构类型。

作为一种新型组织，网络交易平台的组织属性也应由其治理结构定义。它明确了网络交易平台上"谁进、谁出，谁获得什么"的基本规则。鉴于实践中不同的网络交易平台对基本规则的设置各异，因此，初步判断平台企业通过协调和控制经济交易的治理机制的特定组态形成了不同的网络交易平台治理结构。

二、传统治理结构选择的影响因素及其影响机理研究

（一）交易成本理论的解释

解释治理结构选择机理的主流理论是交易成本理论。威廉姆森（2018）认为区分治理结构的主要标志是资产专用性、不确定性以及交易频率，其中

资产专用性是交易成本理论区别于其他理论最重要、最鲜明的特征。专用性资产投资可产生可占用性准租金，从而导致缔约后的机会主义行为，而层级制是规避机会主义行为的制度安排。在综合考虑生产成本、治理成本、规模经济和范围经济的基础上，威廉姆森提出对于较低的资产专用性，市场治理最优，而当资产专用性显著提高时，层级制具有明显的优势，当资产专用性处于中等程度时，混合制出现。而不确定性是在资产专用性的前提下影响治理结构选择的。在标准化交易中，由于可以轻而易举地建立新的交易关系，因此无论不确定性的程度有多大，都能用市场来解决。而一旦引入资产专用性，情况就发生了变化，随着不确定性程度的提高，对专用性资产交易的保护性治理结构（即层级制）的需求提高。对于资产专用性中等的交易，在不确定增大时，则可能会滑向某一极端，要么降低专用性资产投资，使用市场治理方式，要么保留专用性，交易改在组织内部进行。当然，在具备可信承诺的前提下，也会出现混合制（Williamson，1991）。此外，威廉姆森试图从资产专用性和交易频率两个维度实现治理结构与各类交易的恰当匹配。

梅纳德（Ménard，2004）将威廉姆森的思想扩展到混合制的治理结构细化上，强调专用性投资所导致的双向或多向依赖性及不确定性是混合制的决定要素。其中，投资的相互依赖对于理解合同风险的存在尤其重要，而不确定性对于解释协调问题尤其重要。因此，专用性资产和相应的不确定性的组合会产生机会主义行为和不协调，从而决定混合选择的模式。如果只有一个属性存在，则治理倾向于基于合同的安排。两种属性结合在一起，治理变得更加科层。卡森等（Carson et al.，2006）扩展了威廉姆森不确定性对治理结构选择的影响，对于较高资产专用性的交易，不确定性（包括波动性和模糊性）是决定关系合同、正式合同以及层级制选择的决定因素，而较低的资产专用性交易则选择市场治理。

20 世纪末期，混合治理结构蓬勃发展，治理结构的交易成本经济学解释受到质疑。格兰诺维特（Granovetter，1985）认为它描绘了一种不允许任何社会关系和更广泛社会结构影响的经济行为的非社会化观点。梅纳德（1996）也认为交易成本经济学强调的核心解释变量并不能完全解释混合治理，制度规则和行动者的角色等其他因素对混合治理具有重要影响。因此，许多学者建议，为了更全面地理解交易关系的治理，一方面必须更加关注治理安排如何嵌入特定的社会关系中，另一方面还要更加关注整体的制度环境（Dacin et al.，1999；Ghoshal & Moran，1996；Granovetter，1985；Jones

et al.，1997；Uzzi，1997；Wathne & Heide，2004）。于是，学者们开始了交易成本经济学与社会学、管理学、组织理论等多个领域的理论整合，以更好地解释治理结构。

（二）交易成本理论与社会网络理论的整合解释

在治理结构选择研究中，社会网络理论的引入使得组织与其所处的社会背景不再完全割裂。沃克和波普（Walker & Poppo，1991）以制造业为背景研究了企业间的供应关系，认为供应关系的混合特征挑战了交易成本理论的基本假设和预测能力，并论证了企业分权和市场中的关系契约削弱了资产专用性作为内部交易成本低的必要条件和市场交易成本高的充分条件的作用。格兰多里和索达（Grandori & Soda，1995）曾提到社会学视角下的嵌入性是企业间网络所表现出的不同治理结构的前置因素。戴尔（Dyer，1996）对日本和美国汽车厂商的实证分析，虽然部分证实了交易成本理论中治理结构选择的决定要素，但却发现任务复杂性会导致关系契约的需求提高，因而反对了威廉姆森的"在不确定性程度较高的环境中，层级治理要优于混合制"的说法。琼斯等（Jones et al.，1997）整合交易成本经济学和社会网络理论，正式化了戴尔的论述，提出了一个用于识别混合治理结构可能出现的交易条件的理论框架。他在资产专用性、交易频率和不确定性的基础上，考虑了戴尔在日本汽车制造业中观察到的任务复杂性条件，这些交易条件促使企业在结构上嵌入交易，使得企业能够利用社会治理机制来协调和维护交易，包括限制性进入、宏观文化、集体制裁和声誉机制。当所有这些条件都到位时，网络治理与层级制度和市场治理相比在适应、协调和维护交易上都具有优势，更有可能作为一种替代治理结构。古拉蒂和辛格（Gulati & Singh，1998）考察了信任对联盟治理结构层级化的负向影响。阿茨和布拉什（Artz & Brush，2000）的研究也是将交易成本理论与社会网络理论结合的一个例子。其在资产专用性和环境不确定性的基础上，补充了交易成本理论没有考虑的支持企业间协议的社会维度——关系规范，来探讨联盟协调成本的决定因素。

社会网络理论的视角考量了组织所嵌入的社会背景，使理论中的组织不再是孤立于社会的存在，社会网络理论中所考虑的嵌入性、信任、关系强度等变量成为学者们研究治理结构选择时的主要考虑因素。

（三）交易成本理论与组织协调理论的整合解释

组织协调理论也是学者在治理结构选择研究中经常涉及的内容。格兰多里和索达（1995）认为交易成本理论的三大要素导致的市场失灵产生了不同的组织安排，而官僚组织失灵导致的组织协调问题也需要不同的组织安排。他们着重论述了组织理论视角下受组织间差异、互依性、协调规模影响的组织协调，进而通过对十大协调机制的不同组合区分了不同的企业间网络。古拉蒂和辛格（1998）批评了对联盟的研究侧重于交易成本理论中作为治理结构选择的主要基础的占有问题，而没有考虑合作伙伴的相互依赖程度所导致的协调成本问题的影响。他们在考虑占有问题的基础上构建了预期协调成本对联盟治理结构影响的模型，认为预期相互依赖性越高，联盟治理结构的层级化特征就越明显。鉴于协调成本是选择联盟治理结构的关键因素，古拉蒂和辛格认为它们也可能影响企业边界的基本选择。德克尔（Dekker，2004）建议用交易成本理论解决组织间关系中的专属问题，用组织理论解决组织间关系中的任务协调问题，它们需要不同的社会控制机制和正式控制机制，从而产生了不同的治理结构。由此不难看出，学者们认为一般基于交易成本理论来解释机会主义问题，而利用组织理论来解决协调问题，从而设计不同的治理结构来防范机会主义和协调问题。

（四）其他理论解释

还有学者从其他理论视角考虑了治理结构的选择动机，多被提及的有资源基础观、产权理论、资源依赖理论等。

陈等（Chen et al.，2003）考察了联盟的治理结构，应用交易成本理论解释了合同联盟和合资企业两种在控制机制和层级结构上都不同的选择，并在此基础上发现和论证了资源基础观对不同形式合同联盟选择的解释力。贝克等（Baker et al.，2008）综合交易成本理论和新产权理论解释了什么理论促使企业寻求合资企业、战略联盟等解决方案。戴尔和辛格（Dyer & Singh，2018）在重新审视企业间的关系时，认为资源依赖度低的企业间关系适合简单的合同治理，而资源依赖性高的企业间合作时，由于需要更大的共同专用性资产投资、开发知识例行程序，且需要很长时间实现，不易分解，因此非正式和层级治理更为合适。瑞纳和范德文（Ring & Van De Ven，1992）认为威廉姆森的治理结构比较制度分析局限于单次交易的分析单位和相对静态的分析方法，导致了低估其他治理结构选择的驱动因素。其在探讨治理交易的市场、层级、重复性契约和关系性契约 4 种治理结构的特点的基础上，讨论了他们认为与治理选择有关的两个标准：风险和对信任的依赖。马卡多克和科夫（Makadok & Coff, 2009）认为在存在跨任务协同的情况下，利用激励与无杠杆任务具有协同作用的其他任务，间接地诱导无杠杆任务努力的方式，从而使得混合治理形式出现。模型预测关键的区分变量应该是零部件供应商之间合作的重要性，而不是资产的专用性。

交易成本理论是解释传统组织治理结构选择的主流理论，然而由于其存在静态性、非社会化、单次交易的分析单位等各种局限，使得治理结构选择研究在交易成本的基础上不断整合其他理论视角，以补充完善治理结构理论。

三、网络交易平台背景下治理结构选择的新解释

本书主要研究作为一种新型的组织形态的网络交易平台，其组织属性尚不清晰，治理结构选择的影响因素研究匮乏，而实践中不断涌现的开放与封闭或平台与自营之争，使得理论界出现了平台开放性及纵向一体化研究，这类研究中挖掘出的影响因素或可成为网络交易平台治理结构选择影响因素的先驱。

哈久（Hagiu）是较早进行线上渠道比较研究的学者。他于 2006 年研究了平台企业做平台还是零售商的选择问题，考虑了供应商的悲观预期、不对称信息、供应商产品之间的互补性或替代性、对供应商投资的需求、对中间商投资的需求、市场需求的不确定性、消费者对产品多样性的需求、消费者对供应商产品的熟悉程度以及供应商与中介机构以外的消费者有重要联系等因素。2015 年，他又与怀特（Wright）考察了平台与分销商的选择问题，考虑了专业化信息的重要性、跨产品的外部性、产品类型以及网络效应和对其他供应商加入的预期几个方面。同年，哈久和怀特又考察了纵向一体化企业与平台之间的权衡，利用跨产品的溢出效应、专业化信息、不可观察的努力以及对市场的预期等因素构建了不同合同模式下的正式选择模型。此外，他们还提出了几个模型中未考虑的因素，包括中间商的私有信息、规模经济和学习经济、中间商的道德风险以及专业人员的内在动机和逆向选择。他们还提出未来购买者异质性也可以解释同一行业中不同组织选择不同运营模式的问题。综合哈久和怀特的所有研究，可以得到一个自制、购买与使能

（make vs. buy vs. enable）的谱系，这拓宽了垂直整合文献中经典的自制与购买（make vs. buy）的问题。

除了哈久和怀特之外，不少国内外学者也加入了线上渠道选择问题的研究。其中有学者研究传统渠道与线上渠道的选择问题。阿布舍克等（Abhishek et al.，2012）探讨了平台模式与传统分销模式的选择问题，考虑了电子渠道对传统实体零售销售的影响所引起的制造商的反应以及电子零售商之间的竞争两个因素，发现当电子渠道的销售对传统渠道的需求产生负面影响时，电子零售商更愿意建立平台，而当电子渠道的销售对传统渠道的需求产生实质性刺激时，电子零售商更愿意与制造商签订转销合同。这种偏好被电子零售商之间的竞争所缓和——随着它们之间的竞争加剧，电子零售商更愿意建立平台。

其他更多的学者研究了线上渠道的选择问题。王小芳、纪汉霖（2011）认为平台企业和互补品供应商在产品上的互补程度对平台纵向行为有着显著影响。当二者的互补性不是很强，即平台可以不依赖互补品企业向消费者提供产品或服务时，平台企业存在后向一体化的内在激励。当平台和互补品企业之间互补性很强，即平台和互补品必须搭配在一起才能对消费者产生足够效用时，平台企业通常选择纵向分离。王法涛、李俊青（2015）认为电子商务平台和产品供应商之间存在 4 种治理结构，分别是科层式、关系型、模块化、领导型，而治理结构的选择是由交易复杂度、交易信息可编码程度、供应商能力 3 个因素所决定的，但是其研究以简单的描述性分析为主。王超贤、李强志（2015）认为对于稀疏的、多样化的、功能密集型市场需求更适合于平台型网络零售组织，而集中的、同质化的、服务密集型市场需求更适于自营式网络零售组织。他们同时指出，平台型网络零售组织适宜简单的同质化产品的交易，而自营式网络零售组织适宜复杂的差异化品牌产品的交易。2016 年，王超贤又识别了网络零售组织的两种治理结构——市场型治理结构和一体化治理结构，认为治理结构是由消费者与网络零售商之间的交易性质决定的，包括专用性投资、交易频率以及交易的不确定性。雅格拜兹等（2018）认为模块化和非通用互补性共同导致了平台生态系统这个新结构的产生，该结构与市场、层级及传统的组织网络是不同的。李佩、魏航（2017）认为平台组件交叉网络外部性足够大时，平台企业会选择开放平台，因为开放平台后，商品选择性的增加使消费者不用再登录其他网站就能获得商品的多个报价，消费者的需求能够得到更好的满足，增加了潜在消费者的总量。2019 年李佩等又从产品价格竞争的激烈程度、产品销售的固定成本以及产品的未来潜在需求三个方面考察自营平台企业是否开放其平台。夸克等（Kwark et al.，2017）发现关于质量维度的信息使消费者在竞争产品之间感知到的效用差异同质化，增加了上游竞争，这有利于批发型零售商，但损害了平台型零售商的利益；相比之下，适合维度的信息使消费者对产品适合度的估计异质化，弱化了上游竞争，这对批发型零售商不利，但对平台型零售商有利。因此，当第三方信息的精度高时，如果质量维度占主导地位，零售商可以采用批发方案，如果适合维度占主导地位，零售商可以采用平台方案，从第三方信息中获益，反之则相反。田等（Tian et al.，2018）从订单履行成本和供应商产品的竞争强度两个因素出发考察在线市场、分销商和混合模式的选择。

还有的学者讨论了电子零售商及其供应商对平台偏好的影响因素。闫等（Yan et al.，2018）通过测量在线溢出、平台费用和制造商零售效率的综合效应来研究电子零售商和制造商引入市场渠道的条件，研究发现在存在溢出效应的情况下，制造商使用市场渠道的意愿增加，电子零售商使用市场渠道的意愿降低，较高的平台费并不一定会激励电商零售商加入市场。曼廷等（Mantin et al.，2015）通过构建零售商和制造商之间的讨价还价博弈模型探讨了电子零售商引入第三方市场的原因。电子零售商通过拥有一个活跃的第三方市场，创造了一个"外部选择"，提高了其在与制造商谈判中的议价地位。同时，制造商却希望取消零售商的外部选择，并试图限制或阻止通过第三方市场的销售。

如上，与网络交易平台相关的研究多从渠道选择理论出发，且大多数都利用博弈论的方法，考虑了产品属性、产品互补性、市场需求的不确定性、网络效应、供应商悲观预期、不对称信息等诸多因素，然而却远离治理结构的比较制度分析范式，也没有考虑传统经典理论所涉及的因素，因而导致了组织传统理论与新型组织理论研究的断层。

四、研究述评

网络交易平台已然成为推动数字经济发展的重要组织形式，而学界对网络交易平台也已进行了长期深入的研究，并形成了较为丰富的研究成果，尤其是在平台战略、平台治理、平台经济等领域。然而大多数平台领域的研究都暗含一种假设，即平台与传统组织不同，但其具体组织属性尚无明确界定，因此治理结构的研究更显匮乏，具体表现如下。

（1）关于网络交易平台组织属性的研究鲜见，更多的学者在研究平台治理时，对平台组织属性设置了暗含性假设，有的将网络交易平台看成是市场进行治理，有的将其看成是平台型网络，而有的则认为层级制在其中发挥重要作用。不同的组织具有不同的治理逻辑，一个组织的属性由其治理结构定义，然而，借助威廉姆森所描述的市场、层级以及混合制的治理维度考察网络交易平台能够发现传统的某一种治理结构很难完美覆盖网络交易平台治理结构的全部特征。因此，"网络交易平台到底是什么样的组织"成为急需解决的一个基本问题。

（2）从交易成本理论到社会网络理论，再到组织协调理论、资源基础观等多个学科在不断对治理结构选择的决定因素进行探析，交易成本理论将资产的专用性作为治理结构选择的核心要素，而交易成本经济学的其他学者也不断发展威廉姆森的思想，拓展了不确定性等因素的影响。然而，交易成本理论的研究是一种非社会化的观点，将治理结构的选择孤立于社会背景，因而社会网络理论对其进行扩展，考虑了信任、嵌入性、关系契约等因素。组织协调理论认为交易成本理论重点考虑了机会主义行为，却忽略了组织协调问题，因此从协调视角出发考虑了治理结构选择的因素。当然还有资源基础观的学者注重从组织本身的资源及能力优势出发选择治理结构。总之，众多的学者从不同的视角研究治理结构选择的影响因素。

然而网络交易平台背景下的治理结构选择因素究竟是什么，学界研究较少。与之相关性较高的是网络交易的平台模式和自营模式的选择因素研究，如哈久和怀特的研究。他们多从渠道选择理论出发考虑了产品属性等众多因素，然而却很少考虑传统经典组织理论中的影响因素，因此最终使得新型组织研究难以继承传统经典组织理论的精华。这既不利于经典传统理论的传承，又使新型组织研究因缺少理论依托而难以形成理论系统。

（3）无论是传统组织的治理结构选择的影响因素研究，还是互联网背景下平台与自营选择的研究，大多都是静态分析，它不考虑组织属性如何随着时间的推移而变化，但是现实中的网络交易平台表现出了明显的演进性，在其演进过程中，有的从注重层级治理逐步走向市场化一端，有的从市场治理一端逐步向层级治理靠近，而随着治理结构的改变，有的平台走向繁荣，形成一个庞大的生态系统，如京东、淘宝，有的却逐步走向灭亡，如聚美优品，有的跌宕起伏，慢慢寻找方向，如唯品会。总之，网络交易平台的组织属性不断发生着变化，那么是什么推动了又为什么会推动网络交易平台组织属性的改变？为什么有的网络交易平台通过治理结构的改变走向了繁荣，有的却走向了衰亡？背后的机理鲜少有学者探寻。

组织属性是组织治理的逻辑起点，但在网络交易平台背景下并没有得到深入探究。而组织属性的模糊，理论上不利于平台治理理论体系的构建，实践中可能导致平台企业治理的失误，因此必须对其进行深入探究，并识别治理结构选择的影响因素及动态变化机理，从而为网络交易平台组织属性的辨析提供分析工具，为网络交易平台治理实践提供理论指导。

第三节　研究内容与主要工作

一、研究内容

基于已有研究，本书将基于比较制度分析范式挖掘网络交易平台治理结构的新特征，对网络交易平台组织属性探析，进而识别网络交易平台治理结构选择的影响因素，在此基础上实现网络交易平台治理结构与其核心选择要素的动态匹配。本书具体研究内容如下。

（一）网络交易平台治理结构特征分析

威廉姆森的治理结构"比较制度分析"是研究组织属性的经典理论及方法。然而，由于网络交易平台具备了鲜明的数字经济时代特征，而作为工业时代的经典组织理论无法将网络交易平台的新特征考虑在内，因此，传统的某一种治理结构无法完美覆盖网络交易平台治理结构的全部特征，从而导致网络交易平台组织属性的模糊。本书基于威廉姆森的"比较制度分析"范式，首先通过对传统文献的梳理，整理出传统治理结构的核心构念，进而利用编码技术对国内购物领域、出行领域以及旅游领域的网络交易平台治理结构进行编码分析，提炼网络交易平台情境下治理结构的核心构念，然后通过跨案例聚类分析挖掘数字经济背景下网络交易平台治理结构的新特征，从而探析网络交易平台的组织属性。

（二）网络交易平台治理结构选择的影响因素识别及其解释机制

交易成本理论认为交易方关系专用性投资、不确定性水平以及交易频率决定了不同治理结构的选择，此外，社会网络理论、组织协调理论等也从不同理论视角探寻治理结构选择的影响因素。那么，在网络交易平台情境下，传统被讨论过的因素是否还在影响着网络交易平台治理结构的选择，是否还存在一些新的因素的影响，将成为重要的研究问题。本书将在梳理传统治理结构选择的影响因素的基础上结合平台实践，通过平台内外因素的考量，进行网络交易平台治理结构选择因素的提取，进而利用定性比较分析方法（QCA），探究网络交易平台治理结构选择的不同要素组合，从而识别影响其选择的核心要素和边缘要素。

（三）网络交易平台治理结构与核心选择要素的动态匹配研究

网络交易平台治理结构的核心选择要素与治理结构选择有重要因果关系，在网络交易平台的演化过程中积极地推动着其组织属性发生变化，本书在理论推演网络交易平台治理结构及其核心选择要素匹配逻辑的基础上，考虑时间因素，构建网络交易平台治理结构及其核心选择要素的动态匹配模型，并将利用 NK 模型对该理论模型进行模拟仿真分析，探索网络交易平台治理结构变化背后的本质原因，探寻网络交易平台的最优演化方式。

二、主要工作

为了完成以上研究内容，本书的主要工作包括两个基础工作和三个核心工作。

（一）传统理论的文献分析

本书将采用交易成本理论中比较制度分析范式，同时结合社会网络理论、组织协调理论等视角进行网络交易平台组织属性、治理结构选择机理及绩效分析，因此传统理论视角下的传统组织的相关研究将成为本书研究的理论基础，无论是对治理结构核心构念的提取，或是对其选择的影响因素的梳理，抑或是治理结构与核心要素的匹配模型的构建都离不开传统经典理论的运用，因此在本书中，对前人研究文献的梳理及分析成为一项主要的基础工作。

（二）平台数据的编码分析

鉴于网络交易平台治理结构相关数据获得的难度较高，本书在对网络交易平台组织治理结构核心构念进行提取时，以及对网络交易平台治理结构选择的影响因素进行评估时，都将采用对相关案例的一手访谈数据和二手数据的编码分析，同时为了避免编码分析主观性所造成的偏差，将组成多个 2 人小组，对同一案例数据进行编码，从而保证数据的一致性。因此，编码分析也成为本书的一项基础工作。

（三）组织属性的案例探索

在编码分析的基础上，本书将选取不同行业不同平台，利用跨案例聚类分析对网络交易平台组织属性进行探索，并在探索的基础上构建网络交易平台治理结构理论模型。

（四）影响因素的定性比较分析

在案例分析获取数据的基础上，本书将利用定性比较分析方法，探寻影响网络交易平台治理结构的不同要素组合，识别网络交易平台治理结构选择的核心要素及边缘要素。

（五）核心要素与治理结构动态匹配的模拟仿真

鉴于网络交易平台纵向数据获取的难度较高，本书将利用 NK 模型，在构建核心要素与治理结构动态匹配机理模型的基础上，模拟仿真网络交易平台的演化，基于网络交易平台治理结构与其核心选择要素的动态匹配机理探寻网络交易平台演化的最优方式。

第四节 研究思路和研究方法

一、研究思路

本书基于比较制度分析范式，以网络交易平台治理结构特征分析—治理结构选择影响因素识别—治理结构与核心选择要素的动态匹配为分析逻辑，对网络交易平台治理结构进行深入研究，以期探寻其组织属性，为网络交易平台治理奠定坚实的基础。

具体研究思路如图 1-1 技术路线图所示。

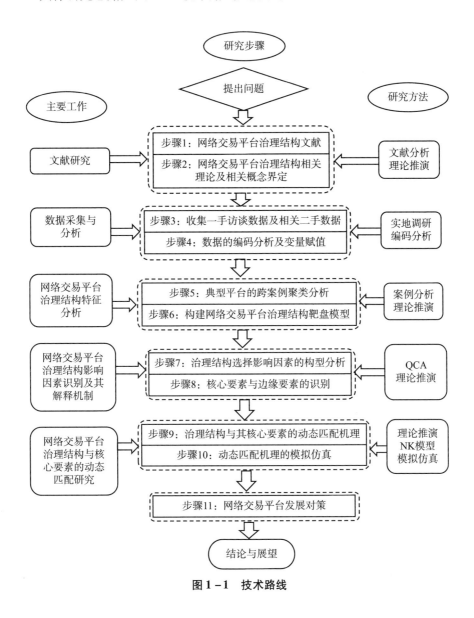

图 1-1 技术路线

17

二、研究方法

本书运用如下具体方法展开研究。

（一）文献分析与理论推演

对前人经典文献的梳理及分析是本书的基础工作，因此文献分析法也成为本书的重要研究方法之一。第一，本书将利用 Web of Science、中国知网等中英文数据库，通过对传统组织及平台型组织治理结构相关的中英文文献搜集、整理及分析，挖掘现有研究的不足之处，从而诠释本研究的必要性；第二，网络交易平台治理结构组织属性的研究，需要在前人研究的基础上提取治理结构的核心构念，在网络交易平台治理结构选择影响因素的识别中，需要根据前人研究提取影响治理结构选择的因素，这些内容都需要利用文献分析法才能完成；第三，在网络交易平台治理结构与其核心选择要素动态匹配研究中，将在对前人经典文献进行分析的基础上，整合不同理论视角下前人的研究成果及平台治理实践，理论推演出网络交易平台治理结构与核心选择要素的匹配逻辑，构建二者的动态匹配模型。

（二）编码分析与案例研究

本书将利用跨案例聚类分析对网络交易平台组织属性进行探索。首先，通过现场访谈、微信电话访谈的方式收集一手访谈数据，通过查阅平台官网、公开发布的报告、深度评论、相关学术文献等方式收集二手数据；其次，组成多个 2 人小组，利用编码分析技术，对所收集的数据进行三级编码，探寻网络交易平台治理结构的核心构念，挖掘网络交易平台治理结构的新特征；最后，选择平台经济中较为成熟行业中的市场份额较大，影响范围较广，同时交易治理模式明显不同的平台，通过模式匹配的分析技术，利用逐项复制和差别复制的方法，进行探索式跨案例聚类分析，探究网络交易平台组织属性。

（三）定性比较分析

本书利用定性比较分析方法研究网络交易平台治理结构的选择机理。第一，根据中国信息通信研究院、天津财经大学组织创新与治理研究中心、中国互联网协会等单位发布的平台治理相关报告，及中国管理案例共享中心案例库和相关内容平台发布的深度评论进行案例选择，并收集案例相关数据；第二，通过对所选择案例的分析，为所属案例的变量进行赋值；第三，利用定性比较分析技术，探索影响治理结构选择的不同要素组合，进而利用传统经典理论与平台新理论进行要素组合解释，实现传统理论在网络交易平台情境下的新发展。

（四）基于 NK 模型的模拟仿真

本书利用 NK 模型对网络交易平台治理结构与其核心选择要素的匹配过程进行模拟仿真。NK 模型一般用于研究系统内部要素间的相互作用关系对系统整体适应性的影响的这类问题中。本书利用 NK 模型模拟基于理论推演所构建的网络交易平台治理结构与核心选择要素的动态匹配模型，应用 Metlab 编程，仿真网络交易平台治理结构与核心选择要素的动态匹配过程，并对模拟结果进行比较，从而找寻能实现网络交易平台最优演化的方式。

第五节 主要创新点

本书的主要创新点如下。

（1）创新性地把比较制度分析范式引入网络交易平台情境中研究其组织属性。一方面拓宽了传统组织治理结构理论的适用边界，拓展了比较制度分析的应用场景，另一方面针对网络交易平台组织属性给出基于经典理论的新诠释，实现了平台治理理论与传统经典理论的对话。治理结构的比较制度分析是经典组织理论中的一个核心理论，然而一直以来对它的应用仅限于传统组织领域中，尤其是关于市场与企业的选择问题，以及超越市场与企业的混合制问题。平台组织作为一种新兴组织，既继承了传统组织的特征，又展现出了新的组织特征，本书基于比较制度分析范式，探索网络交易平台的组织属性，在使比较制度分析范式的应用情景得到拓展的同时，还为平台治理理论的研究提供了一个新视角，使得平台治理理论的发展建立在坚实的传统组织理论的基础之上。

（2）创新性识别了网络交易平台治理结构的核心选择要素和边缘选择要素，厘清了处于不同地位选择要素的不同解释机制。本书利用定性比较分析方法，通过对治理结构选择影响因素的构型分析，识别网络交易平台治理结构的核心选择要素和边缘选择要素，以及不同选择路径，并验证了交易成本理论与组织协调理论对处于不同地位选择要素的解释力，一方面确定了这两个经典组织理论在解释治理结构选择时的核心地位，另一方面也发现了其在新组织形态中的解释力不足，从而确立了传统经典组织理论与平台新理论的共同解释机制，为经典组织理论在网络交易平台情境中的应用探索出了一条未来发展路径。

（3）创新地引入时间变量，从动态视角实现网络交易平台治理结构与其核心选择要素的匹配，探寻网络交易平台的最优演化方式与方向。交易成本理论的比较制度分析多是对治理结构的静态分析，威廉姆森曾引入产权、合同法、声誉效应和不确定性 4 个参数，对治理结构进行了比较静态分析，但是未引入时间因素进行治理结构的动态分析成为交易成本理论受到诟病的一个原因。实践中，无论是组织内或组织间合作，治理结构都不可能一成不变，而是随着时间而发生着改变。在网络交易平台情境中，平台企业也在其发展过程中进行着不断的探索，使其治理结构随时间而进行着各种改变，通过引入时间维度对网络交易平台治理结构进行动态研究，可以弥补治理结构静态研究的不足，为网络交易平台治理提供可操作性指导。

第 二 章

概念界定与理论基础

相关概念界定

一、网络交易平台概念界定

"平台"最早出现在产品开发领域，大多数学者将其称为"产品平台"（华中生，2013），由于该平台应用于企业内部，由单独某一家企业操控，故加韦（Gawer，2009）把它称为"内部平台"。得到学术界广泛认可的平台概念是迈耶和莱纳德（Meyer & Lehnerd，1997）的界定，他们认为平台是一组子系统和界面的集合，它们形成了可以高效开发和生产衍生产品的通用架构。20世纪末，随着计算机技术的发展和企业间合作越来越普遍，产品平台从企业内部扩展到企业外部，尤其是供应链上，较企业内部平台的好处在于可以利用外部企业的资源，寻找更多的创新和更便宜的组件和技术，但与内部平台一样，其本质也是为了提高效率、降低成本（Gawer，2014）。扬西蒂和莱维恩（Iansiti & Levien，2004）提出商业生态系统的概念时，将平台作为生态系统的基石，并部分借用了迈耶和莱纳德的界定，认为平台是指能帮助生态系统中的成员企业通过一系列接口或界面而解决问题的一整套方案。其研究的唯一不同在于，较之前的企业内部平台，此时平台扩展到了企业外部，并与平台外的缝隙型企业共同构成了商业生态系统，但平台的本质并没有发生改变，依然是稳定的可以重复使用的组件的子系统和界面的集合，借助其可以开发新产品和互补产品。

平台概念发展的重大转折点是21世纪初双（多）边市场的提出。经济学家以网络外部性理论为基础研究平台，认为平台即双（多）边市场，它连接了两（多）边之前无法直接联系和交易的群体，使得它们之间的直接交易成为可能（Rochet & Tirole，2003），从而创造连接红利。阿姆斯特朗（Armstrong，2006）强调了平台的网络外部性，认为"两个群体通过平台进行交易，其中一边群体加入平台的收益取决于加入平台的另一边群体的规模"。埃文斯（Evans，2012）也认为平台上的价格和战略受到平台两边间接网络外部性的影响。赖斯曼（Rysman，2009）甚至认为对双边市场的研究是网络外部性研究的一个分支领域。

加韦是平台研究领域研究成果较多的学者之一，其在对平台理论梳理的基础上提出了产业平台的概念，认为产业平台是那些由一个或几个企业开发的，能为其他企业生产平台互补产品提供基础功能的产品、服务或技术。他们认为并不是所有的双（多）边平台都是产业平台。双（多）边平台目的在于促进交易，而产业平台目的在于促进创新，只有那些促进了产品、技术或服务的创新的双（多）边平台才是产业平台。然而，他们于2012年修正了这个界定，认为产业平台是那些由一个或几个企业开发的，能为其他企业生产互补产品提供基础，且有潜力产生网络效应的产品、服务或技术。他们同时提出产业平台与企业内部平台和供应链平台最大的不同之处在于能创造网络外部性。2014年加韦整合了技术管理领域和经济学领域的相关理论，提出了整合的平台概念，即平台是不断演化的组织，具有如下特征：与具有创新力和竞争力的互补商合作；通过创造供应端和需求端的范围经济和规模经济而创造价值；由核心组件和外围组件构成模块化技术架构。同时，加韦继承扬西蒂和莱维恩的思想，认为平台及其互补商共同构成了一个生态系统，共同参与基于平台的生态系统创新。麦金泰尔和斯里尼瓦桑（Mcintyre & Srinivasan，2017）在总结阿德纳和卡普尔（Adner & Kapoor，2010），以及切卡尼奥利等（Ceccagnoli et al.，2012）的文章的基础上，明确提出平台生态系统是指平台及生产可以提高平台价值的互补品的互补商网络。

综上所述，平台概念界定存在两个视角。第一种是技术架构的视角，即认为平台生态系统是由稳定的可重复使用的核心组件和变化的低重复使用的外围组件构成，外围组件靠平台设置的界面使用核心组件，其中稳定的重复使用的核心组件以及界面的集合即平台。无论是企业内部平台、供应链平台，还是双（多）边平台或产业平台，都是如此的架构（Baldwin & Woodard，2009）。这一视角统一关注点在于实现供给侧的范围经济，进而实现产品、技术及行业创新（Gawer，2014）。第二种视角即双（多）市场理论视角，认为所有平台都有一套相同的基因——它们是为了创造生产者和顾客的匹配并促进他们之间的交互，无论交换的产品是什么，平台都扮演交易通道的角色，通过连接创造价值，其理论基础是通过需求侧的规模经济实现网络效应。近年来，两个视角的平台概念呈现融合趋势，如 2014 年加韦对平台的界定，整合了架构理论和双边市场理论。王节祥等（2018）认为对平台的交易和创新属性认识上需要从"二元性"走向"二重性"。同时在实业界，两类平台也出现融合趋势，如淘宝网目前已同时具备合作创新平台和多边交易平台的属性（白景坤等，2017）。

本书主要关注双边市场理论视角下作为线上交易渠道的平台，即网络交易平台。在这个平台上，物流提供商、运营服务提供商等随着平台的不断发展，也成为平台上不可或缺的参与者，它们与平台企业和产品及服务供应商共同形成了一个庞大的平台生态系统，成为当前平台理论研究的又一新视角。但着眼于产业组织理论视角下作为交易渠道的平台，其核心交互是平台企业和产品及服务供应商与消费者之间的交互，而与其他参与者的交互是随着平台的发展而作为平台支撑服务产生的。若过多引入，将会使研究基点偏移到平台生态系统这一概念上，且会提高分析的复杂性。因此，为了能够更深入地挖掘平台治理结构的本质，同时为了简化分析，本书将紧扣平台的核心交互。

二、治理结构概念辨析

威廉姆森（2018）认为，所谓治理结构就是合同关系的完整性和可靠性得以保证的组织框架，或一种保护契约当事人投资的制度安排。其中企业、市场及混合制是 3 种基本的治理结构类型，被分别分派给不同性质的交易。企业形式的治理结构来保证关系专用性投资高且频繁的交易顺利完成；市场形式的治理结构来解决无须进行关系专用性投资的交易；而混合形式的治理结构居中，用来保证关系专用性投资处于中等程度的交易。交易成本经济学的任务就是为不同的交易寻找最合适（即交易成本最小）的治理结构，反过来说，也就是从节约交易成本的角度，治理结构解释各种经济组织的属性及其边界。

国内最早引入"治理结构"一词源于公司治理研究的开端,对公司背景下的"治理结构"进行深入探讨,张维迎(2013)曾明确指出,公司治理结构是在私有制基础上发展起来的一整套有关企业利益相关者之间处理权利和责任的行为准则,它是个人契约的产物,因此公司背景下的"治理结构"一词并没有脱离威廉姆森意义上的治理结构,本质上仍是一种制度安排。

此外,对"治理结构"一词的理解中,也有学者侧重结构一面,孙国强等(2016)将网络组织治理结构界定为网络组织治理的结构布局、规模、层次、关系密度等特征,指出它是网络利益相关者活动的平台。该理解的理论基础已脱离威廉姆森意义上的"治理结构",而是以社会网络理论为基础深入探讨网络规模、网络密度、网络中心度、关系强度等内容。学者们还根据网络结构呈现形态的不同,将网络分为有核的星型、树型结构,无核的线型、环形结构,以及多核的结构。

本书对治理结构一词的理解主要是基于威廉姆森对治理结构的界定,将其看成是一种保护契约当事人投资的制度安排。在每种不同的治理结构中,不同的治理机制(如决策程序、剩余控制权、合同担保、合同适应条款、不同定价方案、个人监督、正式规则和条例以及冲突解决程序)组合起来治理交易关系中的参与者的行为。因此,可以说协调和控制经济交易的治理机制的特定组态形成了不同的治理结构(Ebers & Oerlemans,2016)。

因此,本书认为网络交易平台治理结构的内涵是保护平台上所有参与者的投资收益不被侵占的制度安排。由于本书主要立足平台的核心交互——平台企业与供应商的交互,因此本书中的网络交易平台治理结构是保护平台企业与供应商利益不被侵占的制度安排,是保证平台企业与供应商合同关系完整性与稳定性的组织框架。本书中的网络交易平台治理结构的外延就是平台企业对供应商施加影响的各种治理机制的不同组态,如决策权的配置机制、定价机制、正式和非正式的管控机制、激励机制等。因而,网络交易平台治理结构作为一种制度安排,它明确了平台上中"谁进、谁出,谁获得什么"的基本规则,在搭便车、机会主义等风险的假设下,网络交易平台治理结构试图通过设置决策权分配及租金分配的治理机制组合而降低以上风险(Klein et al.,2019)。

威廉姆森期望从激励强度、管理控制、适应性以及契约法4个治理维度穷尽企业、市场以及混合制 3 种治理结构的区别，企业与市场处于两端，混合制居中，如表 2 - 1 所示。

表 2 - 1　　　　　　　　　　　　不同治理结构的特征

治理维度	治理结构			
	市场	层级	混合制	网络交易平台
激励强度	产生高能激励的输出式定价	产生低能激励的输入式定价	中等激励强度的输入式定价或输出式定价	低能激励 高能激励 中等激励
管理控制	无	高强度的管理控制	中等程度的管理控制	中等及以上管理控制
适应	根据价格机制自发适应外部变化	依靠权威的协调适应外部变化	交易者在适应外部变化时中等自治	自发适应 协调适应
契约法	古典契约法	自我控制契约法	新古典契约法	古典契约法 新古典契约法 自我控制契约法

作为一种新型组织的网络交易平台，是企业形式的治理结构，还是市场形式的治理结构，或是混合制形式的治理结构？或者说它是一种与企业、市场、混合都不同的新型治理结构？表 2 - 1 第 5 列是从威廉姆森描述市场、层级以及混合制 3 种治理结构的区别点时所选择的 4 个治理维度出发，去检验网络交易平台形式的治理结构特征，然而我们发现传统的某一种治理结构很难完美覆盖网络交易平台的全部特征，因此，印证前文所述，"从表面看，网络交易平台兼具市场性、层级性与混合性的特质，而使其组织属性模糊"。

作为一种新型组织的网络交易平台，它的治理结构有什么特征，其组织属性是什么？这成为一个急需解决的基本问题。

三、网络交易平台治理结构的分析层次

探析网络交易平台组织属性，即需要探索网络交易平台的治理结构。在网络交易平台上，除了产品或服务供应商之外，还有物流提供商、运营服务提供商、金融服务提供商等各种互补品提供商，随着平台的不断发展，它们

也成为平台上不可或缺的参与者，与平台企业和商品及服务供应商共同形成了一个庞大的平台生态系统。因此，在网络交易平台上，除了平台企业与产品或服务供应商之间的交易外，还存在供应商与物流提供商、运营服务提供商、金融服务商之间的交易，平台企业与他们之间的交易，顾客与它们之间的交易，因此，网络交易平台上存在多种交易。治理结构是一种保护交易当事人投资的制度安排，而网络交易平台上多个交易主体形成多种交易，那么，探索网络交易平台治理结构是应该聚焦全部交易还是某几个交易或某一个交易，即网络交易平台分析层次的问题成为关键。

一直以来，在交易成本经济学的实证研究中，一个重要的挑战是研究中分析层次的适当选择，尤其是在治理结构与绩效的实证研究中，因为企业层面的结果往往是交易之间复杂互动的结果，所以面临企业有很多种交易的情况时，很难描述孤立的特定交易安排如何影响企业整体绩效。关于这个问题的一个解决方案是选择一个可以被视为核心或中心活动的交易进行测试，如毕格罗（Bigelow，2003）以美国汽车制造业为背景研究交易一致性与生存率的关系时，认为如果要观察治理结构的影响，关键部件的采购构成核心交易。基于以下几个原因，它们所代表的生产成本的大小、它们与其他部件的相互依赖性以及它们对最终产品市场定位的影响，可以将发动机定义为关键部件，因此发动机交易成为核心交易。

网络交易平台上虽然存在众多交易，但其核心交易仍然是平台企业和产品及服务供应商与消费者之间的交易，而它们与其他参与者的交易都是以核心交易为前提的，核心交易的完成是这些交易产生的基础，它们仅是随着平台的发展而作为平台支撑服务产生的。这进一步放大了核心交易对网络交易平台生存发展的重要性。如果要观察治理结构的本质，那么像核心交易这样的核心活动可以成为一个很好的经验背景。而对于其他非核心交易过多引入，只会提高分析的复杂性，甚至引起混乱。因此，为了能够更深入地挖掘网络交易平台的组织属性，本书主要基于平台企业与供应商关系的视角，将分析层次紧扣于平台的核心交易。同时，考虑到在网络交易平台中，虽然平台企业与供应商都处于治理主体的地位，它们之间不同的权责安排形成了不同的治理结构，但是在网络交易平台背景下，平台企业由于平台所有权而拥有相对于供应商而言的巨大权力优势，因此在治理结构的设计选择中占到主导作用，而明显处于权力劣势的供应商只能起到辅助的促进作用，甚至任由平台企业主宰。

　　此外，根据双边市场理论，京东自营、云集自营、曹操出行等起初并没有实现平台双边的用户直接交易，而是作为中间零售商存在赚取差价，因此，并不能成为严格意义上的平台。但是，出于以下考虑，本书统一将其一起归入网络交易平台范围内。第一，实践中，平台企业都趋向于兼做平台与自营。零售领域中，天猫在平台的基础上，开发了自营的天猫超市，京东在自营的基础上，构建了京东POP，云集在自营的基础上向第三方供应商开放，构建了开放平台；出行领域中，曹操出行、首汽约车都在自营的基础上开放平台，不断引入社会运力进行补充；旅游领域中，携程网既有自营和代理的自营模式，又有携程零售的开放模式。因此，实践中一个应用程序内，自营模式和平台模式往往相互引流、共同发展。第二，理论上，自营与平台的战略选择实际上就是经典的"自制与购买"的"企业还是市场"的治理结构选择问题。自营模式与自制策略更相符，平台企业对供应商业务纵向一体化，由企业完成所有的交易，而平台模式与购买策略更相符，平台企业只提供交易渠道，而产品或服务的运营由市场上的供应商独立完成。第三，理论上，自营平台完全由平台企业完成所有交易，然而实践中很多自营模式中并非由平台企业独立完成交易，而是平台企业与供应商共同组建运营团队负责产品或服务运营。如京东自营中，供应商的运营团队和京东采销一起负责供应商产品在平台上的运营。综上，在网络交易平台情境下，无论从理论背景或实践发展看，自营模式都是该情境下考虑的一个重要分支，"自营"与"平台"都无法脱离对方而独立研究。因此，本书将自营模式纳入网络交易平台研究情境中共同考量。

第二节　理论基础

一、交易成本理论

　　交易是指一种商品或服务的转让，是交易成本理论的分析单位，交易成本理论将每次交易视作一种契约。交易成本是"通过一种制度模式而不是另一种制度模式来完成交易和参与交易的成本"（Williamson，1975）。该理论的核心主张是，交易的处理方式应尽量减少执行交易的成本。威廉姆森

（1991）指出了 3 种交易治理的替代模式，即市场、层级和混合制 3 种治理结构。每一种模式都由不同的合同法支持，都有自己的协调和控制系统。市场治理与古典契约法相对应，而交易双方的身份无关紧要，它们之间不存在依赖关系。市场交易受正式条款的约束，这些条款以法律的方式解释，并以双方之间的"硬谈判"为特征。在混合治理形式中，交易各方保持自主权，但又双边依赖。交易双方的身份很重要，从某种意义上说，每一方都不可能被另一方无代价地取代。新古典契约法支持混合制，比古典契约法更具弹性和适应性。这种治理结构预见了意外的干扰，提供了一个"容忍区"，在该区域内吸收了偏差，要求在意外发生时进行信息讨论，并规定了在出现分歧时进行仲裁。层级制更具弹性和适应性，在层级制内部通过权威适应干扰。层级制中的交易各方不依赖法院，而是在内部解决争端，即它们自己解决分歧，或将未解决的争端上诉给层级制以供裁决。这种治理形式得到了威廉姆森所称的契约法的支持。

交易成本理论认为，选择交易治理方式有"合理的经济原因"（Williamson，2018），威廉姆森（1991）称之为"区别一致性假设"（discriminating alignment hypothesis）。该假说认为，属性不同的交易以一种有区别的（即节约交易成本）方式与治理结构相一致，进而实现节约交易成本的目的。根据交易成本理论，交易的主要属性是资产专用性、不确定性和交易频率。首先，随着资产专用性的增加，可转让性降低，这增加了双方的依赖性和缔约方之间的风险。因此，市场治理形式的强力激励阻碍了交易方之间的适应性，市场不具备应对这种高度双边依赖性的条件，从而导致不适应成本，并将资产专用性高的交易推到更一体化的治理形式中（Williamson，1991）。交易的第二个重要属性是不确定性。然而，不确定性只有在资产专用性较高时才会发挥作用。在存在资产专用性的情况下，不确定性的增加会使市场治理遭受代价高昂的讨价还价和不适应，并增加等级制度和混合模式的相对吸引力（Williamson，2018）。然而，在高度不确定性的情况下，资产专用性的"中间范围"即混合制倾向于缩小，甚至可能消失（Williamson，1991）。交易的频率也以类似的方式运行，频繁发生的资产专用性交易需要市场不断进行监控，而那些只是偶尔发生的交易则不需要持续关注，也不值得为建立层级而付出管理成本。因此，在资产专用性存在的情况下，频率也会将交易从市场推向等级制度（Williamson，2018）。

通过比较不同治理结构，能够找出交易成本最小的治理选择，因此交易成本理论的分析方法也被威廉姆森称为"比较制度分析"。

综上，交易成本理论的核心命题如下：

（1）随着资产专用性的增加，与市场治理相关的交易成本增加。

（2）随着资产专用性的增加，混合制和层级制成为优于市场的首选；在资产专用性较高的情况下，层级制成为首选的治理形式。

（3）当资产专用性达到一定程度时，不确定性会增加与市场治理相关的交易成本。

（4）当资产专用性达到一定程度时，不确定性的增加使得市场比混合型更为可取，而层级制比混合型和市场更为可取。

（5）当资产专用性和不确定性都很高时，层级制是最具成本效益的治理模式。

（6）与交易特征相一致的治理模式表现出优于其他模式的绩效优势。例如，当资产专用性和不确定性都很高时，层级制显示出相对于市场和混合模式的绩效优势。

二、组织协调理论

很多学者对组织协调问题更为关注，不同时期的学者从不同角度对组织中存在的协调问题进行了分析和研究，但到目前为止，对组织协调问题的研究大多散见于各个时期的理论文献之中，远没有形成一个相对统一的理论体系。

对该问题的研究最早可追溯到亚当·斯密的《国富论》，他认为协调来自劳动分工，继而法约尔于1925年在《工业管理与一般管理》一书中将协调纳入管理五大职能之一，认为协调指沟通、联合，并使所有行为和力量达到和谐统一。其后，马奇和西蒙（March & Simon）于1958年突破了协调是管理职能的分析框架，认为当 n 项任务在 m 个人员之间进行分配时，为了以最低的成本实现组织目标，就必须对组织任务及资源之间的分配关系进行有效的处理，这时就会产生协调问题。

但最具影响力的当属汤普森（Thompson，2007）从组织中部门间的依赖关系出发对组织部门协调的研究。汤普森认为组织协调问题的产生是由于组织中存在着3种基本的依赖关系，集合式依赖、顺序依赖以及互惠依赖。其中，集合式依赖是指工作之间的关系仅仅体现在所有要素或过程都为同一个目标服务，如医院里医生和管理人员的工作之间的关系；顺序依赖是指某些活动必须在其他活动之后进行的情况，如术前准备和手术；互惠依赖是指要素或活动互为输入、输出的情形，如在同一台手术上的手术小组成员之间的关系。

汤普森认为这3种相互依赖的偶然性程度是递增的，导致协作难度也呈上升趋势，因此对每类相互依赖进行协作的成本也是增长的。他指出组织必须从这些基本依赖关系出发制定相应的协调策略。在集合式依赖条件下协调可以通过标准化取得，包括工作流程标准化、产出标准化、规则和技术标准化等，这种机制主要指用事先制定的规则和标准来控制和协调组织中的各种依赖关系；顺序依赖的部门间需要基于计划的协调为相互依赖的部门建立一系列的日程，从而对行动加以治理；在互惠依赖条件下，相互调整机制包括沟通和信任关系的建立等主要利用人的主观能动性和人际关系的建立来协调和处理组织中的依赖关系。范德文等（1976）沿着汤普森的研究路线，把组织协调机制问题研究向前推进了一大步。他们把组织中的协调机制概括为两种基本形式：一是程序化协调机制——主要利用标准、规则和计划等可事先设计出来的规则或制度对组织中各种依赖关系进行协调控制和处理的机制；二是基于人际关系协调和沟通的协调机制——主要利用相互调整、反馈、群体会议、工作关系建立和信任等处理组织中依赖关系的机制。这项研究基本上确立了现代组织理论关于协调机制问题研究的基本框架。

以上协调问题的背景都是组织内，而在组织间合作日趋成为组织实践主流的背景下，组织间协调问题也日益重要。参照组织内协调的内涵，古拉蒂等（2012）将组织间协调定义为有意、有序地协调或调整合作伙伴的行动，以实现共同的目标。古拉蒂等认为组织间进行合作，即使它们彼此完全信任，并且没有任何占有问题，但它们仍然必须协调劳动分工以及活动和产品之间的界面，这就产生了协调问题，即有意、有序地协调或调整合作伙伴的行动，以实现共同确定的目标，这就导致了协调成本。古拉蒂等参考汤普森的观点，认为组织间相互依赖性产生了协调问题，相互依赖程度越高，组织间的协调成本将越高，而不同的治理结构提供对伙伴关系中活动的不同程度的控制和协调。因此，企业将寻求合适的治理结构，以提供必要的持续监督和协调，并使得协调成本最低。

由于组织协调并未形成相对统一的理论体系，因此本书主要参考汤普森和古拉蒂等的组织协调理论模型。

三、平台架构理论

平台是一个复杂系统，它由若干个具有不可预测的交互作用的模块组成，而这些模块之间相互作用且相互依赖。一般而言，平台架构可以看成是一种信息管理的网络服务架构，包括核心平台和界面。鲍德温等（Baldwin et al.，2009）强调，任何平台的基本架构都包括两部分：一部分是稳定的可重用的通用组件集，它的主要功能是满足核心顾客群的核心需求。另一部分是外围变动的个性组件集，主要满足客户的个性化需求。外围组件通过界面与核心组件互操作，实现系统整合。该架构设计降低了系统复杂性，降低了成本，提升了效率（Tiwana，2013）。

从技术上讲，平台架构是模块化的，即通过标准化界面连接的模块化系统构成，具有可扩展性和演进性。模块化就是指子系统之间相互依赖性的降低程度，它的两极分别代表完全一体化和完全模块化，而大多数复杂系统都处于这两个极端之间（Baldwin & Clark，1997）。一个模块就是一项工作分工，模块化结构就是项目分解为各个模块，并假定负责每一个模块的团队可以制作其他模块（Parnas et al.，2006）。一个平台中如果核心组件和外围组件可以相互独立的设计，并且可以一起工作，则该平台呈现出模块化特征（Tiwana，2014）。因此实现平台模块化架构的两个机制分别是架构分解和编写标准化界面。架构分解实现平台与应用程序之间的独立性，而标准化界面实现平台与外围应用程序之间的互操作，从而保证一起工作。

（一）架构分解

架构分解就是将系统分解为若干松散耦合的模块（一个模块内部的改变不会影响到另一个模块的运作）以及模块之间的整合，因为架构分解是基于信息隐藏的分解标准（Parnas et al.，2006），即将每一个模块运作所需的信息封装在该子系统内部（Tiwana，2014）。按照这一逻辑，平台被分为两部分：一部分是平台本身，即稳定的可重用的核心组件；另一部分是平台外围的变化的生产互补产品的组件集合（Baldwin & Woodard，2009）。平台是外围组件发展互补产品的基础建构区块（Gawer，2014）。

（二）标准化界面

架构分解实现了每一个模块之间的独立运作，但是平台外围的互补模块必须与平台实现互操作（即系统整合）才能为终端用户创造价值，界面的标准化就是模块化架构系统整合的主要手段（李柏洲、徐广玉，2013）。通过封装隐蔽信息能够实现架构分解，然而模块之间的交互需要信息交流，平台的界面就是全部的可见信息的集合（Baldwin & Clark，1997），这意味着只有平台的界面对外部互补商是可见的，同样的逻辑也能应用到外围组件上。界面是平台的接入口，展示了基于平台能够做什么，只有通过界面，核心平台才能够实现其隐藏的基础技术所具有的功效（Iansity et al.，2004）。界面也像平台和外部成员之间的条约，指定了一套规则来确保核心平台和外围组件的互操作（Boudreau et al.，2009）。界面标准化是指界面的预先设定、明确界定，以及规则的不可更改性，保证了核心平台与外围组件的互操作。

平台架构的决策会影响平台的两类成本：一类是平台参与者与平台企业开展业务所产生的交易成本；另一类是平台企业管理平台参与者与平台之间依赖关系所产生的协调成本（彭毫、罗珉，2020）。

四、复杂适应系统理论

复杂适应系统理论是赫兰德（Holland，1996）提出的。该理论把系统的成员看成是具有适应性的主体，它们能够与环境及其他主体进行持续不断的相互作用，在这种相互作用过程中，不断地学习或积累经验并根据所学到的经验改变自身的结构和行为方式，整个系统的演化，包括新层次的产生、分化和多样性的出现、新的和更大的主体出现，都是在整个基础上派生出来的。因此，复杂适应系统理论认为系统成员主动地与环境反复地相互作用是系统发展和演化的基本动因，具体表现为通过要素的变异使得系统的总体适应性不断提高（Holland，1996）。

然而由于随机性等不确定性因素的作用和人们预测能力的局限性，系统构成要素之间相互作用关系以及构成要素与系统适应度之间的确切关系很难描述，因此卡弗曼（Kauffman，1993）提出了被誉为"复杂系统的统计动力学"的 NK 模型来分析复杂系统并预测复杂系统的性质和演化规律。NK 模型的最大优势在于能相对简单地处理一些无法用实证方法研究的问题（Ganco & Hoetker，2009），比如系统复杂性如何影响系统的整体适应性。

NK 模型最早是由卡弗曼用来描述生物系统的演化。卡弗曼认为生物系统的演化不仅受到外部环境的影响，而且还与生物系统的内部组成要素的相互作用关系有关，生物系统的演化是自然选择与自组织共同作用的结果。为此，卡弗曼提出了研究复杂适应系统的 NK 模型方法，并以此分析自组织和自然选择在生物系统演化过程中的作用。自从利文索尔（Levinthal，1997）把 NK 模型用于研究自组织行为与自然选择之间的关系以来，该模型已经在组织与战略管理研究中得到了广泛的应用。

根据西蒙对复杂性的解释，复杂性由内部要素的数量 N 以及内部要素间相互作用的大小 K 这两个参数来控制。N 表示构成系统的要素数量，每个要素决定系统的一项特性，N 项特性的综合表现决定一个系统的优劣，系统的优劣程度用适应度值来衡量。K 表示系统要素间相互作用的大小。要素间的相互作用是指：一个要素发生变异，不仅会引起由它决定的系统适应度值发生变化，还会引起与它相关的其他 K 个要素决定的系统适应度值发生变化。设一个系统的整体适应度值为 f，它由每个要素对系统整体适应度值的贡献值 f_i（i = 1，2，…，N）加权平均产生。如果定义一个具有 N 个要素的系统，每个系统要素 d_i（i = 1，2，…，N）拥有两种状态，这两种状态用二进制数 0 和 1 来表示，整个系统就具有 2^N 种表现形式，每种表现形式是一个由 N 个二进制数组成的向量，如（011，…，1），给这 2^N 个向量随机指定不同的值，即适应度值，再将其与 N 和 K 映射到一个三维空间上，就形成了适应度景观。不同的 N 和 K 值会产生崎岖度不一的适应度景观，反映适应度景观崎岖性的一个关键概念是局部最优点，它的数量可以直接反映适应度景观的崎岖度。而适应度景观表示主体寻求更高绩效的搜寻空间，主体不断地在适应度景观上采取不同的搜寻方法搜寻更优的系统状态，如局部搜寻、贪婪搜寻、长跳搜寻、模仿搜寻等，并最终到达适应度景观的最高峰。而随着 K 值的增加，局部最优点数就会急剧增加，此时适应度景观会呈现出非常崎岖的特征，这时主体可能要花费很多时间才能找到其最高峰。

在组织与战略管理研究中，组织、创新、战略等可被抽象为一种内部要素间具有相互作用的复杂系统。这些复杂系统在 NK 模型中被看作具有适应性的主体，拥有自己的适应度景观，主体不断地在此适应度景观中进行攀爬，最终使得组织、创新、战略绩效达到最优。

第三节 小结

本章进行了核心概念的界定以及相关理论基础的梳理，首先在对网络交易平台及治理结构这两个核心概念进行梳理的基础上进行了清晰的界定；其次，对书中涉及的相关理论进行梳理，包括交易成本理论、组织协调理论、平台架构理论以及复杂适应系统理论等。交易成本理论是最初讨论治理结构的理论，且治理结构一词也来自交易成本理论，因此成为分析治理结构的基础理论，同时组织协调理论对治理结构的设计有重要的影响，也成为研究治理结构时考虑较多的视角之一。此外，平台架构理论和复杂适应系统理论是网络交易平台演化分析的重要理论基础，而复杂适应系统理论中的 NK 模型是网络交易平台动态演化分析的重要工具。综上，本书在对网络交易平台及治理结构清晰界定的基础上，基于交易成本理论、组织协调理论、平台架构理论和复杂适应系统理论，对网络交易平台治理结构进行深入研究。

第 三 章

网络交易平台治理结构特征分析

　　一个组织的属性由其治理结构定义，它明确了关于"谁进、谁出，谁获得什么"的基本规则，在搭便车、机会主义等风险的假设下，治理结构试图通过设置决策权分配及租金分配的治理机制组合而降低以上风险，只有建立了治理结构，才能启用组织的常规治理活动，也就是说组织治理发生在治理结构建立的框架之内（Klein et al.，2019）。而网络交易平台作为一种新型的组织，关于该组织"是什么"的组织属性问题也是由网络交易平台的治理结构定义的。但如第二章所述，传统某一种治理结构很难完美覆盖网络交易平台的全部特征。那么，"网络交易平台究竟是什么"成为急需解决的一个基本问题。

　　威廉姆森的"比较制度分析"是研究组织属性的经典理论及方法。然而，由于网络交易平台具备了鲜明的数字经济时代特征，而作为工业时代的经典组织理论无法将网络交易平台的新特征考虑在内，因此，传统的某一种治理结构无法完美覆盖网络交易平台的全部特征。本书将基于比较制度分析范式，利用跨案例分析方法，通过对案例资料的编码分析和跨案例聚类分析，挖掘数字经济背景下网络交易平台治理结构的新特征，探索网络交易平台的组织属性。

第一节　研究设计

一、方法选择

　　本书针对"网络交易平台是什么"这一问题进行探索式研究，而案例研究十分适合于此类新情境下的探索。此外，现有平台治理研究领域中，基于威廉姆森的思想对网络交易平台组织属性的研究文献鲜见，而从表面看平台又具有其他传统组织所不具备的复杂性，因此以经典理论的核心构念为起点，对网络交易平台治理结构进行探索式的案例研究最为适合。考虑到单案例研究结论的普适性受到质疑，以及不同平台的交易治理模式选择也大为不同，小平台学习模仿大平台，本书选择平台经济中较为成熟的行业中的市场份额较大，影响范围较广，同时交易治理模式具有明显区分的平台，通过模式匹配的分析技术，利用逐项复制和差别复制的方法，进行探索式跨案例聚类分析，从而保证研究的外在效度和信度。

二、案例选择

第一，所选案例覆盖行业广。本书选取了 3 个不同行业的平台做研究案例，包括购物平台、出行平台和旅游平台（如表 3 – 1 所示），原因在于这 3 个行业的交易平台都较成熟，尤其是经过多年发展，其治理结构随着平台内部的发展以及外部环境的变化几经更迭，其外在表现信息丰富，对扎根现实提取平台治理结构的特征给予了丰富的养分。此外，仅对一个行业内的多个平台的跨案例分析所得结论仅适用于该行业，为了提高理论的饱和度，将研究背景拓宽到多个行业，分别进行差别复制和逐项复制，从而使研究结论更具普适性和说服力。

表 3 – 1　　　　　　　　　　案例分析对象

所属行业	平台名称	分析单元
购物平台	阿里巴巴	淘宝网
		天猫商城
	京东商城	京东自营
		京东 POP
	云集商城	云集自营
	创客云商	创客云商
	网易严选	网易严选

所属行业	平台名称	分析单元
旅游平台	携程网	携程度假产品零售平台
		携程度假产品代理平台
		携程度假产品自营平台
		携程当地向导平台
	飞猪旅行	飞猪旅行
出行平台	滴滴出行	滴滴快车平台
		礼橙专车平台
	曹操出行	曹操专车平台
	大昌出行	大昌专车平台

第二，所选案例均为行业内典型平台。每一个领域内所选的平台都是较为成熟的大平台，在该领域内的体量巨大，占据该行业相当大的市场份额，成为小平台模仿的对象，如淘宝、京东、携程、滴滴等，满足了案例的典型性原则；同时其商业模式都较为稳定，平台之间运营模式的差异显著，为案例研究的差别复制奠定了基础。

第三，所选案例数据丰富易得。所选平台媒体的跟踪报道、深入评论较多，学术界关于各大平台的案例研究也日趋增多，成熟的平台企业为平台的有序运营制定了相对成熟的平台规则，而且这些规则都明确列示在平台官网上。这些丰富的资料将成为案例材料的重要来源，可满足案例分析中"三角检定"的原则。

三、数据收集

如表 3-2 所示，本书收集了一手访谈数据和二手数据。

表 3−2 数据来源一览表

平台名称	分析单元	数据来源						
		一手访谈数据				二手数据		
		访谈对象	访谈方式	访谈次数（次）	录音字数（万）	评论与新闻文献总数（篇）	著作及学术文献总数（部/篇）	来源
阿里巴巴	淘宝网	淘宝网卖家1	实地访谈	1	0.9	13	26	平台电子协议 平台规则 卖家论坛 《砺石商业评论》 人人都是产品经理 亿邦动力网 《马云：未来已来》 《创京东》 《平台链接》 《平台经济》 《平台产业经典案例与解析》 《平台经济新战略》 《平台治理》 公开发表的文献资料 公开发表的相关资讯
		淘宝网卖家2	微信访谈	7	1.2			
	天猫商城	天猫商城卖家	实地访谈	1	1			
京东集团	京东自营	京东采销经理	微信访谈	1	0.5	12	8	
	京东POP	京东POP卖家	实地访谈	1	1			
云集集团	云集自营	云集分销商	微信访谈	1	0.3	17	0	
创客云商	创客云商	创客云商员工	微信访谈	2	1.1	3	0	
		创客	微信访谈	1	0.4			
网易严选	网易严选	网易严选员工	电话访谈	1	0.5	15	0	
携程网	度假产品零售平台	携程网区域经理	电话访谈	1	0.5	11	8	
	度假产品代理平台		实地访谈	1	1.8			
	度假产品自营平台							
	携程当地向导平台	携程网太原地区向导	实地访谈	1	1			
			微信访谈	3	0.3			
飞猪旅行	飞猪旅行	飞猪旅行商家	实地访谈	1	0.5	6	0	
滴滴出行	滴滴快车平台	平台司机3名	实地访谈	3	1.1	16	7	
	礼橙专车平台	专车司机2名	实地访谈	2	0.3			
曹操出行	曹操专车平台	平台内部员工	实地访谈	1	0.5	6	3	
		司机4名	实地访谈	4	0.8			
大昌出行	大昌专车平台	平台总经理	实地访谈	1	1	3	0	
		运营经理	实地访谈	1	1.2			
		司机多名	实地访谈	5	1			

访谈对象除了平台企业内部员工外，平台上的商家也是可访谈的重要对象，他们常年在某个平台或多个平台运营，对平台的治理结构非常熟悉，且相对于平台企业内部员工，规模巨大的商家群体更容易成功访谈，如出行平台方面，对司机的访谈通过打车的方式就可以成功实现。

此外，考虑到获取一手访谈数据的困难性，本书收集了大量二手资料补充访谈数据，包括各个平台官网上公示的平台协议和平台规则数据、卖家论坛上关于平台治理行为的数据、公开发表的平台相关的案例研究论著，以及资讯网站发布的平台治理行为相关的资讯。

基于上述途径，笔者获取了本书案例分析的原始数据，并根据"三角检定"的原则对相关数据进行相互印证，从而形成完整的证据链，提高研究的建构效度。

第二节　网络交易平台治理结构的特征挖掘

一、基于编码的治理结构特征挖掘

（一）传统治理结构的核心构念梳理

威廉姆森意义上的治理结构通过 4 个核心构念来刻画其特征，其中，激励强度和管理控制是治理交易的具体机制，契约法和适应性（自发适应、合作适应）是不同治理结构实现的结果（Williamson，1991）。之后来自多学科的研究者对其进行了拓展。表 3 - 3 整合了威廉姆森及其他学者关于治理结构的核心构念的研究。

表 3 - 3　　　　　　　　　治理结构核心构念梳理

治理结构的构念	治理结构			文献中的其他表述
	市场	混合制	层级	
激励强度	高能激励	半强激励	低能激励	激励系统（Grandori et al.，1995；Gulati & Singh，1998；Sauvee，2002）；非市场定价体系（Gulati & Singh，1998）；定价政策，激励机制（Tiwana，2014；Makadok & Coff，2009）；定价方案（Ebers & Oerlemans，2016）；激励一致（Oxley，1997）

治理结构的构念	治理结构			文献中的其他表述
	市场	混合制	层级	
管理控制	无	信息披露、争端解决机制等中等程度的管控	监管、职位奖励或惩罚等管理控制	标准操作程序、指挥结构和权力系统，联盟中合作伙伴之间的互动制度化或正式化（Gulati & Singh, 1998）；控制机制（Tiwana, 2014；Sauvee, 2002）；控制的分散度、计划和控制系统、信息系统（Ménard, 2013）；公共支持和基础设施、选择系统、沟通决策和谈判机制、社会协调和控制、连接销（Grandori et al., 1995）
自发适应	依赖于价格体系的自发适应	保留部分自发适应	无	所有权自治、适应权力（Ebers et al., 2016）
合作适应	无	交易者之间长期合同得到契约保护、行政手段支持	基于权威关系的合作适应、对重大扰动的适应	标准操作程序、指挥结构与权力系统是任务协调的关键手段（Gulati & Singh, 1998）；合同保证（Williamson, 1991）；合同适应机制（Ebers & Oerlemans, 2016）
契约法	古典契约法	新古典契约法	自我控制契约法	通过指定机构或个人的层级结构而绕过法院和市场的冲突解决程序（Gulati & Singh, 1998）；正式化（Grandori et al., 1995）；固定价格契约、可协商价格契约（Carson, 2006）
所有权	供应商拥有关键资产所有权	共享资源所有权	供应商对关键资产无所有权	所有权（Makadok & Coff, 2009）
权威	供应商有工作及活动的权力	共同决策	购买商有配置供应商的资源的权力	指挥结构与权力系统（Gulati & Singh, 1998）；决策权的分配（Tiwana, 2014）；所有权自治（Ebers & Oerlemans, 2016）；权力的聚集度（Ménard, 2013）；权力（Makadok & Coff, 2009）；等级和权威关系、集中化（Grandori et al., 1995；Park, 1996）；决策权（Sauvee, 2002）

注：①高能激励是代理人以固定价格向委托人提供产品，代理人获得全部剩余索取权；而低能激励下代理人的成本与收益没有直接的对应关系，代理人没有全部剩余索取权（杨瑞龙，2005）。②管理控制是指管理者使用正式的以信息为基础的惯例或程序来维持或改变组织活动的模式（Simons, 1995）。③哈耶克（Hayek, 1945）主张"社会的经济问题主要是在特定时空环境中快速适应的问题"，巴纳德（Barnard, 1938）认为组织主要关心的是适应不断变化的环境。而哈耶克把适应归功于市场，认为价格系统是沟通信息和诱导变化的极有效的机制，因此为自发适应；而巴纳德所关注的是组织的适应能力，它具有合作性质，是一种有意识地、深思熟虑的和有目的地设计的一种适应的内部协调机制，是基于权威关系的适应。

网络交易平台兼具市场性、层级性及混合性的特点决定了不能照搬威廉姆森或其他任何学者的治理结构核心构念。因此，下文将以表 3 - 3 中的核心构念为基础框架，结合平台实践，进一步探索网络交易平台情境下的治理结构的核心构念。

（二）网络交易平台治理结构核心构念提取

我们利用 Nvivo 软件探索网络交易平台治理结构的核心构念。

第一，鉴于淘宝网的发展历程较长，内容丰富，资料易得，因此先对淘宝网的一手、二手资料进行编码。编码过程是基于如下逻辑：

（1）贴标签。对所获取的案例相关资料"贴标签"（编码前缀为"a"），建立了 245 个自由节点。

（2）概念化。将与同一现象有关的自由节点归纳于同一树节点之下，并重新定义这些树节点（编码前缀为"A"），获得了 25 个概念。

（3）范畴化。把相似的树节点再归类，聚拢成更加抽象的树节点（编码前缀为"AA"），得到了 7 个范畴。

第二，对其余 15 个案例按照"贴标签—概念化—范畴化"的逻辑思路进行编码分析，以补充第一步在淘宝网案例资料的编码分析中所获的标签、概念和范畴。最终建立了 369 个自由节点、33 个概念和 11 个范畴，如表 3 - 4 所示。

表 3 - 4　　　　　　　　　　开放式编码过程示例

范畴化	概念化	贴标签	典型引用
输入定价（AA1）	平台服务费（A1）	a1 平台的年技术服务费	天猫多了一份技术服务费，是按不同类目来收费的。一般类目是 5%，有些高有些低，同一类目内，技术服务费是一样的
	准入费（A2）	a2 进入平台收取的费用	交纳 12000 元成为平台创客；交纳 2000 元成为平台分销商
输出定价（AA2）	交易佣金（A3）	a3 按交易额收取费用	比如参加聚划算一般会收 5% 的销售额提成
	增值服务费（A4）	a4 为供应商提供收费服务	所有收费行为，都是合同行为。就是你跟平台愿意购买这个服务，平台先给出报价，然后你们签订电子合同，才产生收费。因此，收取费用这个定义，不如说成付费服务
	免费（A5）	a5 进入平台不收费	淘宝理论上是不收费的。只有一些少量的押金，作为客户保障金

41

续表

范畴化	概念化	贴标签	典型引用
非正式控制 （AA3）	价值主张 （A6）	a6 给供应商带来的价值	阿里系的平台之所以能这么强大，还是因为它能给卖家带来收益。 淘宝是在做生态，阿里的定位就是做商业的基础设施，要把自己做成基础设施
		a7 给消费者带来的价值	京东的由来，其实非常的简单，无非是借助互联网，……，达到降低成本、提升效率的目的，最终为消费者创造价值。京东的发展壮大从未离开这个本质
		a8 平台使命	让天下没有难做的生意
	社区规范 （A7）	a9 自发形成社区	淘宝卖家自发形成了商盟组织，数量达到千家
		a10 达成共识	在社群内部形成了一套成文与不成文的规范，控制不宜出现的方式或内容，以确保实现共同利益和目标
	社交网络 （A8）	a11 供应商之间的社会关系	在平台内部，随着人际互动的频繁发生与关系的进一步发展，逐渐形成了成员共同的判断标准或依据原则
……	……	……	……
共计 11 个	共计 33 个	共计 369 个	

注：限于篇幅，表中未能将所有的标签、概念和范畴全部列出，仅显示其中一部分。

第三，挖掘表 3-4 中 11 个范畴之间的逻辑关系，及其与表 3-3 中 7 个构念之间的潜在逻辑关联，最终 11 个范畴被归入 4 个核心范畴，如表 3-5 所示。

表 3-5 　　　　　　　　　　　　编码结果汇总

核心构念	二级编码	一级编码
激励机制	输入定价 输出定价	平台服务费、准入费 交易佣金、增值服务费、免费
管理控制	非正式控制 输入控制 输出控制 过程控制	社区规范、社交网络、价值主张 缴纳准入费、资格控制、数量限制 合同续签限制、绩效考核、流量转化 行为规范、信用体系、会议培训、信息化监控、行业规范、全面监督
所有权自治	平台决策占比 商家决策占比	产品品类决策（平台/商家）、产品定价决策（平台/商家）、产品上架决策（平台/商家）、售前咨询（平台/商家）、售后服务（平台/商家）、营销决策（平台/商家）、服务规则制定（平台/商家）、行为规范制定（平台/商家）

核心构念	二级编码	一级编码
契约法	古典契约法 新古典契约法 自我控制	契约的完备性（高/中/低）、交易双方身份的重要性（低/中/高）、冲突解决方式（法律/仲裁/权威）、随时间的补充程度（低/中/高）、包含初始协议（高/中/低）

（三）基于编码结果的网络交易平台治理结构特征分析

在编码编制及修正过程中，发现网络交易平台治理结构核心构念具有如下特征。

第一，"自发适应"和"合作适应"构念下无初始编码。正如威廉姆森所述，自发适应与合作适应是治理结构实现的结果，如所有权实现了自发适应，合同保证以及各种基于权威的控制手段实现了合作适应，而案例所获取的资料都是治理交易的具体治理机制，而对治理机制产生的是何种适应并没有过多体现。在前人对混合制治理结构讨论的文献中也可以发现很多研究并未考虑自发适应与合作适应，如格兰多里等（1995）、梅纳德（2013）的研究。

第二，"所有权"构念下无初始编码。究其原因在于"权威"构念的存在，因为关键资产的"所有权"往往衍生出"权威"。埃伯斯和奥尔曼斯（Ebers & Oerlemans，2016）将"所有权"和"权威"整合为"所有权自治"来区分市场、层级和混合制，表明在3种治理结构中资产所有者对其资产决定权的存在与否，在层级和混合制结构中常常出现关键资产所有者对别人资产的决定权。同样，平台企业基于其平台所有权而衍生出的权威，不仅能决定平台资产的使用，而且有可能决定平台上供应商的资产使用。

基于以上分析，本书删除了自发适应和合作适应的构念，同时借鉴埃伯斯和奥尔曼斯的思想，将"所有权"与"权威"整合为"所有权自治"。

以上两个特点在传统治理结构的核心构念中均存在，然而以下两点是网络交易平台治理结构所特有的。

第一，管理控制构念下的编码信息极为丰富，且多为正式管控。在众所周知，高能激励是市场治理的最大特征，而强管控是层级治理的最大特征。在京东自营、携程自营等平台中，低能激励和强管控的匹配与层级制类似。

在淘宝网、滴滴出行等平台中，高能激励配以丰富的正式管控手段，类似于威廉姆森对混合制的描述，"一方面保留了产生高能激励的所有权自治，同时因为存在双边依赖，得到了更多正式管控手段（如信息披露、争端解决机制等）以及非正式管控手段（如信任）的支持，而付出激励弱化的代价"。不同之处在于，混合制中存在大量的非正式管控机制，如信任。它们成为混合制研究中的一个重要研究领域。而在网络交易平台中，非正式管控机制较少用，更多是由平台企业设置的正式管控机制，包括对供应商进入、产出、运营等各方面的规则设置。

第二，同一平台上不同类型的契约法皆有呈现。以购物平台为例，在淘宝、天猫及京东POP平台上，平台企业和商家的初始契约具备明晰性，且对不同商家所签契约均相同，供应商身份不重要，因此具备部分古典契约的性质。同时随着时间的推移，契约条款又逐渐得到补充，与古典契约相违背，具备关系契约的性质。此外，淘宝、天猫还设立了作为第三方的"大众评审制度"来仲裁平台上的各种纠纷，以应对司法的低效率，具备新古典契约性质。在云集自营、创客云商以及网易严选上，也同时存在双边合同签约方式、古典式签约方法以及层级式签约方式。这与威廉姆森提出的不同治理结构由不同的契约法支持的论断相悖。究其原因，首先，契约理论的前提假设所致，如关于古典契约的完备契约假设、完全理性人假设等；其次，平台参与群落众多、数量众多、架构复杂、规模巨大等因素导致了平台结构复杂、平台上参与者行为复杂，从而导致规范行为的契约复杂，很难与理论状态吻合。威廉姆森认为任何交易都是通过契约关系进行和完成的，这些契约规定着交易双方的行为方式、利益格局和环境变化时的决策程序或再谈判规则。而这些内容都可以通过激励机制、管理控制以及决策权配置体现，因此契约法是治理结构的绩效特征。基于上述分析，遵循简单严谨的原则，本书将契约法从治理结构的核心构念中删除。最终本书形成表3-6所示的网络交易平台治理的核心构念。

表3-6　　　　　　　　　　网络交易平台治理结构的核心构念

核心构念	测度依据	测量指标
激励机制	平台如何向入驻商户收费或提供佣金	输入定价
		输出定价

核心构念	测度依据	测量指标
管理控制	平台通过正式和非正式手段对入驻商家进行控制，实现平台和商家的一致性	非正式控制
		输入控制
		输出控制
		过程控制
所有权自治	平台上关于平台以及商家的事务由谁决定	平台决策占比
		商家决策占比

综上所述，我们发现网络交易平台治理结构比威廉姆森意义上的 3 种治理结构表现出更大的复杂性，且不同的网络交易平台的治理结构特征也有所不同，因此，下面将以以上网络交易平台治理结构的核心构念为标准，对其做类型分析，以更深入地挖掘网络交易平台的内部特征。

二、基于案例的治理结构特征挖掘

（一）同一行业内的网络交易平台治理结构类型分析

表 3 - 7 表示购物行业中不同平台的治理结构表现出不同特征。

表 3 - 7　　　　　　　购物平台的治理结构比较

核心构念	二级编码	淘宝	天猫	京东POP	京东自营	云集自营	创客云商	网易严选
激励机制	输入定价	0	0	0	0	+ + +	+ + +	+ + +
	输出定价	+ + +	+ + +	+ + +	+ + +	0	0	0
管理控制	非正式控制	+	+	+	+	+ + +	+ + +	+
	输入控制	0	+ +	+ +	+ + +	+ +	+ +	+ + +
	输出控制	0	+ + +	+ + +	+ +	+ +/0	+ +/0	+ + +
	过程控制	+ + +	+ + +	+ + +	+ + +	+ +/0	+ +/0	+ + +

核心构念	二级编码	淘宝	天猫	京东POP	京东自营	云集自营	创客云商	网易严选
所有权自治	平台决策占比	+	+	+	+ + +	+ +	+ +	+ + +
	商家决策占比	+ + +	+ + +	+ + +	+	0	0	0

注：①0 表示无，＋表示低，＋＋表示中，＋＋＋表示高。
②＋＋/0 表示在云集自营和创客云商平台上对两类地位的分销商的控制模式不同。一类是员工级分销商，管控比较严苛；另一类是普通分销商，几乎没有管控。

淘宝网存在输出定价式的高能激励、高过程管控、供应商的高度自治，而天猫和京东 POP 与淘宝网相比，对供应商有各种资质要求，收取技术服务费，续约要求供应商绩效达到一定水平。在高水平的输入控制和输出控制下，天猫和京东 POP 的供应商品质较高，但产品多样性却不如淘宝网。

京东自营平台上存在输出式定价的高能激励、极为严格的输入控制和过程控制。同时由于供应商直接面对京东采销经理，采销经理作为京东内部员工负责店铺的全面管理，其绩效与其所管理店铺的销售绩效挂钩，因而采销经理会通过流量控制的方式来支持业绩好的供应商店铺。因此平台对供应商开展严格的输入、输出控制，同时还拥有店铺运营事务上的更大决策权。

云集自营、网易严选的商品全部由平台采购部门采购，或原始设备制造商（OEM）、原始设计制造商（ODM）定制，创客云商是西安巨子科技有限公司为销售其生产的化妆品和保健品而自建的平台，因此产品运营皆由平台决策，上游供应商仅仅是按协议提供产品或原材料，并且负责协议中商定的售后维修保养。因此其与供应商的合作是传统意义上的企业间合作，对平台上店铺运营无任何决策权。其中，云集自营和创客云商最大特色在于其社交电商的性质。平台上存在一个庞大的分销商群体，不参与产品生产或采购，也不参与产品定价、售后与物流，而是渗透于产品推广中，按照销售量及团体规模获取佣金。因此这两个平台中基于社交网络的关系控制程度较高。对一部分业务规模较大、拓展下线较多的分销商，平台企业按照企业员工身份对待，使其可以参与平台上重大事务决策，如佣金方案的修改、新产品开发的建议等，同时会有较高的过程控制和输出控制，实现对这一部分重量级分销商的管控。平台企业对规模庞大的小分销商没有任何的过程控制和输出控制，而是通过微信群中的非正式控制激励它们销售产品。

利用差别复制对表 3–7 中的案例进行聚类分析，可以将购物类平台治理结构划分为 5 类：（1）淘宝网；（2）天猫、京东 POP；（3）京东自营；（4）云集自营、创客云商；（5）网易严选。

表 3–8 是出行行业中不同平台的治理结构的特征。

表 3–8 　　　　　　　　　　出行平台的治理结构比较

核心构念	二级编码	滴滴快车	礼橙专车	曹操出行	大昌出行
激励机制	输入定价	0	0	+ + +	+ + +
	输出定价	+ + +	+ + +	0	0
管理控制	非正式控制	+	+	+	+
	输入控制	+ +	+ +	+	+
	输出控制	+	+ + +	+ + +	+ + +
	过程控制	+	+ + +	+ + +	+ + +
所有权自治	平台决策占比	+	+ + +	+ + +	+ + +
	商家决策占比	+ + +	+	+	+

注：0 表示无，＋表示低，＋＋表示中，＋＋＋表示高。

滴滴出行平台的核心交互在于连接和匹配，平台从每单交易中扣除相应的平台使用费后，剩余全部归司机或租赁公司所有，而车辆运营成本也全部由司机或租赁公司承担，因此是典型的能导致高能激励的输出定价。滴滴出行上快车司机对服务时间、服务车辆选择、服务平台选择等都可以自由决策。同时，由于过程管控欠缺、服务规范性不足，诸多安全问题源于对司机监管不到位以及平台低效的投诉机制。而在这样一个开放平台上，应该以淘宝网为标杆做好过程控制，从而避免供应商机会主义行为。现实中，在多次事故之后，滴滴出行平台的管控机制也在持续完善。

滴滴出行平台中还存在与快车明显不同的礼橙专车，其输入管控中对车辆的要求更高，对司机有每天在线时间和每天完成单量的输出管控，若连续多次未达标，会面临解约的风险。其对司机服务规范化的要求更高，司机分配到组受到其组长的统一管理，同时通过例会、培训、秘密访客等形式加强过程控制。

曹操出行和大昌出行是自营平台，车辆为平台所有，其运营成本完全由平台承担，平台上大部分事务由平台企业决定，司机的佣金为基本工资加交易提成，即典型的低能激励的输入定价。其管理控制的严苛程度明显高于滴滴出行。进入平台时需要缴纳车辆质押金，且司机数量也有限制，对司机的服务规范要求非常高，存在组长管理司机的架构，秘密访客频率更高，而在绩效考核上有一套严格的赛马机制，不仅仅依靠司机在线时间和每日单量来考核，司机几乎相当于企业员工，其平台治理结构非常靠近层级治理结构。

基于表 3 – 8 的跨案例聚类分析，出行平台治理结构可以分为 3 类：（1）滴滴快车；（2）礼橙专车；（3）曹操自营、大昌出行。

表 3 – 9 是旅游度假平台的治理结构的特征。

表 3 – 9　　　　　　　　　旅游度假平台治理结构比较

核心构念	二级编码	飞猪旅行	当地向导	携程零售	携程代理	携程自营
激励机制	输入定价	0	0	0	+ + +	+ + +
	输出定价	+ + +	+ + +	+ + +	0	0
管理控制	非正式控制	0	0	0	0	0
	输入控制	+	+	+	+ +	+ +
	输出控制	+	+	+	+ + +	+ + +
	过程控制	+ + +	+ + +	+ + +	+ + +	+ + +
所有权自治	平台决策占比	0	0		+ + +	+ + +
	商家决策占比	+ + +	+ + +	+ + +	0	0

注：0 表示无，+ 表示低，+ + 表示中，+ + + 表示高。

携程自营产品，目的地资源直采，旅游产品从生产、销售、服务到售后完全由携程自己来做，其类似于电商中的网易严选，其平台治理结构接近于层级治理结构。

在携程代理模式下，供应商在携程平台上按照最低结算价投放产品及地接事宜，其余包括产品在平台的设计、订单咨询、销售、售后服务、产品定价全部由平台操作。代理经理作为携程员工全权负责代理业务，同时平台给予了极其严格的绩效考核标准，间接影响了供应商的流量以及合约续签，形成了一种隐形的输出控制机制。此外，平台还需要收取供应商交易额一定比例的佣金，且不固定，变动幅度由平台决定。因此，其治理结构表现出低能激励的输入定价、严格的过程控制、间接输出控制、大部分事务几乎都由平台决定的特点。

携程零售是平台为提高产品丰富度和资源覆盖率而衍生出的一种"淘宝"模式，平台仅提供交易入口，产品相关的所有事务全部由供应商决定。平台有相应的规则约束供应商行为，如产品最低限价、供应商管理规范、违规处罚规则、退出规则、申诉规则等。但是该平台没有任何与绩效相关的输出控制，供应商只需要具备资质、缴纳保证金即可入驻，入驻后按照交易额的百分比向平台缴纳佣金。飞猪旅行继承了淘宝的"平台思维"，也是该运营模式。

此外携程度假产品发展了"携程当地向导"的个人与个人之间的电子商务（C2C）模式，导游、司机或其他人员通过考试、缴纳保证金的方式入驻平台，产品的运营类似携程零售，唯一不同是携程零售需要具有资质的旅行社做，是典型的商对客电子商务（B2C）模式，但是二者的治理结构类似。

由此可见，旅游电商平台组织治理结构可以分为 2 类：（1）飞猪旅行、携程零售、携程当地向导；（2）携程代理、携程自营。

（二）跨行业网络交易平台治理结构特征挖掘

比较表 3 - 7、表 3 - 8、表 3 - 9，我们发现：

第一，3 个行业中的第（1）类都属于"淘宝式"的治理结构，供应商在平台上有很大的自治权，采取高能激励的输出式定价，需要较强的过程控制来规范供应商行为。

第二，购物平台类别中的（5）、出行平台类别中的（3）以及旅游平台类别中的（2）都与层级治理相吻合，绝大部分事务由平台企业决定，其采取低能激励的输入式定价，实行高强度管控。

第三，购物平台中的天猫、京东 POP 以及出行平台中的礼橙专车是在平台经济发展到一定程度时，为了塑造高品质平台、满足中产阶层对品质网购的需求而产生的，平台在供应商的输入和输出上实施了较高的控制。该类型治理结构在旅游度假平台中不存在，但理论上是可行的，平台要对旅行社的资质、规模、绩效考核等提高要求，从而保证消费者旅行体验的品质。现实中旅游度假平台不存在该类型的原因值得细究，这为治理结构选择机理的研究提供了素材。

第四，京东自营是输出式定价，但供应商的自治权却不高，除了定价决策权外，其余运营相关事务均由供应商决定，管控比较严格。携程的另一个业务板块——当地玩乐中的票务代理是此类治理结构，因此该类型的结构在旅游电商中存在。它的特点在于存在输出式定价的高能激励以及支持此激励的产品定价权，平台拥有绝大部分事务的决策权，对供应商实行严格的管理控制。

第五，在购物电商平台组织中还存在一种以非正式控制为主的社交电商平台，其关注社群经济，通过建立一种"邻里体系"创造平台上分销商的"邻里"价值和功效价值。其实在其他两个行业中也都有利用社交网络分销产品的现象，如出行平台中以经济利益刺激司机和乘客通过社交网络邀请其圈内朋友入驻平台，而携程网设有分销联盟平台，通过一定方式加入分销联盟，即可销售平台产品，同时提取佣金。因此，从可行性角度分析，各个行业都可以有社交性分销平台，只是行业不同侧重不同。此外，不仅以自营为主的平台可以依靠社交网络，其他类型治理结构的平台同样可以打造社群经济，如京东通过会员制所做的一系列工作，本质上与云集自营的分销商网络异曲同工。因此，非正式控制中的社交网络不足以成为区分治理结构的一个明显标志。

本书通过核心构念——激励机制、管理控制、所有权自治的提取，利用差别复制进行行业内跨案例分析，利用逐项复制进行跨行业案例分析，挖掘出了网络交易平台治理结构的 4 种类型，如表 3 - 10 所示。

表 3 - 10 网络交易平台治理结构类型划分

行业	集贸式	商城式	半自营式	全自营式
购物平台	淘宝网	天猫	京东自营	网易严选
				云集自营
		京东 POP		创客云商
出行平台	滴滴快车	礼橙专车		曹操出行
				大昌出行
旅游平台	携程零售		携程门票代理	携程代理
	飞猪旅行			携程自营

网络交易平台治理结构特征发现

一、治理结构的类型多样性

网络交易平台治理结构复杂、类型多样，不同的制度安排形成了不同类型的网络交易平台治理结构。

（1）集贸式治理结构表现为输出定价导致的高能激励、较高程度的过程控制，以及平台上供应商高度的自治权。现实中淘宝网、飞猪旅行、携程零售、滴滴快车均为此治理结构。在此类型中，高能激励、高所有权自治及低输入输出管控激活了长尾市场，其产品极为丰富，"万能的淘宝"正是对该治理结构的形象描述。然而该平台在产品丰富的同时却难以保证产品的质量，因此在平台发展初期，由于过程管控的缺失，淘宝网被冠以"假货市场"的称号。但在淘宝网发展的十几年中，阿里集团不断加强过程管控，出台各种平台规则，从而使得淘宝网产品质量不断提升，而其他行业的该类型平台也都用极为详尽平台规则（或者正持续完善中）来实施过程管控。

（2）商城式治理结构是天猫、京东 POP 以及礼橙专车所采取的模式。由于其采用较高程度的输入控制、输出控制及过程控制，平台上入驻了大量高品质供应商，产品和服务的采购与生产、营销、物流、售后等事务全部由商家自主决策，同时缴足平台佣金后的所有收入归平台上的商家所有，高管控、高能激励以及高所有权自治保证了产品和服务的品质及一定程度的丰富性，满足了消费者高品质生活的需要。

（3）半自营式治理结构是京东自营采取的模式。平台中产品或服务的大部分决策权配置在平台企业一端，现实中的京东自营有逐渐向供应商分权的倾向。虽然有导致高能激励的输出式定价保证供应商的积极性，但是较高程度的管控和较低的所有权自治在保证产品的质量和服务的同时也牺牲了产品的丰富性。

（4）全自营式治理结构为层级治理，该类平台上产品或服务运营完全靠平台企业单独运作，平台上的产品或服务，有的靠平台企业寻求 OEM 和 ODM 模式生产，有的靠自行生产。供应商对产品在平台上的运营无任何决策权。该模式下，平台企业对供应商或企业内部员工采用低能激励的输入式定价以及低所有权自治，对供应商的中等级别管控和内部员工的层级管控能够保证产品或服务的质量，但却牺牲了高所有权自治和高能激励下的产品或服务的丰富性，同时产生了售后上平台企业和供应商之间相互推诿的现象。

以上 4 种治理结构可通过图 3 - 1 的三维空间描述。

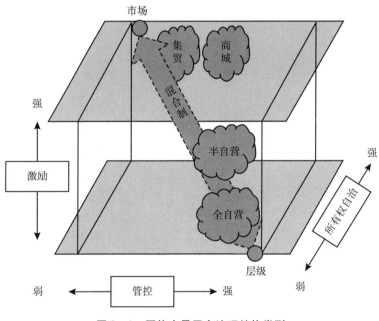

图 3 - 1　网络交易平台治理结构类型

图 3 - 1 中心的双向箭头显示了威廉姆森意义上市场、层级以及居间的混合制的治理结构连续谱系，所有权自治、激励机制以及管理控制在每一种治理结构下的表现都是一致的。然而与威廉姆森意义上的离散的结构类型不同，网络交易平台治理结构的每一个核心构念不同的高低组态产生了 4 种不同的治理结构类型，映射了 4 种现实中存在的网络交易平台，而其中集贸式、商城式、半自营式明显脱离了中心连续谱系，图 3 - 1 中的空白部分则表示核心构念的特定组态现实中不存在或者不稳定、不可行。

以上 4 类结构与威廉姆森意义上的 3 种治理结构的区别比较如表 3 - 11 所示。

表 3 –11   不同治理结构区别

核心构念	市场	层级	混合制	网络交易平台			
				集贸式	商城式	半自营式	全自营式
激励机制	高能激励	低能激励	中等激励	高能激励	高能激励	高能激励	低能激励
管理控制	无	非正式控制 输入控制 输出控制 过程控制	中等管控	过程控制	输入控制 输出控制 过程控制	输入控制 输出控制 过程控制	非正式控制 输入控制 输出控制 过程控制
所有权自治	独立决策	单方决策	中等自治	独立决策	独立决策	单方决策	单方决策

其中，集贸式和商城式治理结构接近市场治理，但其与市场治理的不同体现在管理控制上，二者一方面保留了能带来高能激励的输出式定价和所有权自治，另一方面又引进了层级治理中的管理控制，以保证平台所提供产品或服务的质量。全自营式与层级制完全吻合，现实中也表现为平台企业全权运营模式。而半自营式由于较高的管控和供应商较低的所有权自治更接近于层级治理一端。

基于以上分析，不难发现网络交易平台的治理结构多样，除了类似层级治理的模式，还存在其他多种脱离威廉姆森意义上的治理结构谱系的治理结构，由于这3类治理结构中供应商的角色更多地得到体现，呈现出明显的平台企业与供应商合作服务消费者的特征，因此，这3类治理结构具有广义混合制结构的特征，超越了威廉姆森意义上的混合制。以上论断可以通过众多学者对混合制治理结构的细分而相互印证（Grandori & Soda，1995；Gulati & Singh，1998；Makadok & Coff，2009；Ménard，2004，2013；Ebers & Oberlemans，2016）。

综上所述，可以得出如下命题。

命题 3.1：网络交易平台治理结构类型多样，不同的制度安排形成了不同的治理结构。其中，全自营式呈现明显的层级特征，其他3类具有明显的广义混合制特征，是网络交易平台情境下的混合制治理结构的类型细分。

二、治理结构的市场层级融合性

4 种治理结构中管控强度逐渐增强。

其中，全自营式治理结构中较强的管理控制用于支持由输入式定价导致的低能激励以及平台企业员工的低所有权自治。而其他3类皆为输出式定价的高能激励，但却与较高程度的管理控制相匹配，尤其是正式管控机制，威廉姆森意义上的市场治理中的高能激励与层级治理的高管控在这3类治理结构中相互融合，成为网络交易平台治理结构的一大特点。

集贸式治理结构最接近市场，但却表现出与市场治理相违背的高强度过程管控，以避免供应商的机会主义行为；在商城式治理结构中，除了较强的过程管控外，平台企业同时通过输入控制和输出控制来提高供应商的质量，从而保证平台质量；在半自营式治理结构中，除了高强度的管控外，供应商的自治权相对较小，产品或服务运营中大多数事务要通过平台企业的审核。

之所以出现网络交易平台的高管控，是因为市场失灵的存在。如前所述，平台具有市场属性，供应商入驻平台后，平台企业首先依靠价格机制实现对供应商的协调，然而，由于供应商的高能激励和所有权自治，人为的信息操控导致的信息不对称产生了机会主义行为以及平台内激烈竞争导致的负外部性等都会扰乱平台秩序，尤其是在集贸式和商城式治理结构中。平台上存在卖家群体声誉，而个别卖家的机会主义行为将会影响消费者对平台卖家群体声誉的评价，进而影响平台企业的个体声誉。因此平台企业作为平台的所有者被赋予了类似公权力，更有理由和条件为平台设置规则，实现对平台上供应商的管控，管控越强，平台上的产品质量越能够得到保证，从而能够满足消费者高品质需求，实现平台的持续发展。同时，平台上供应商的规模庞大及其导致的平台企业与供应商之间的弱嵌入性，使得在混合制中起重要作用的非正式管控机制（如信任、社交网络等）很难发挥作用。

综上所述，可以得出如下命题。

命题3.2：集贸式、商城式和半自营式网络交易平台治理结构中表现出市场治理的高能激励与层级治理的高强度管控相互融合的特点，且以正式管控为主。

市场治理中的高能激励使得交易者依靠市场价格自发协调，层级治理中的低能激励需要通过权威设置管控机制来实现协调，而网络交易平台中激励机制与管理控制的不同组合也导致了网络交易平台上不同的协调方式。

在集贸式和商城式治理结构中，面对性质相同的供应商，平台企业为它们提供了详尽的标准化契约和随着时间而不断完善的平台规则。供应商使用平台即约定为其将自觉遵守平台规则并认可平台企业自主变更平台规则的权力，平台企业变更规则生产契约续签要约，供应商使用服务约定为续约成立认定，平台企业通过单边主导式契约动态调整完成对供应商的管理。因此平台企业基于平台所有权而衍生出的权力使其通过标准化的契约、规则设置及变更来实现平台上各方之间的协调。如淘宝、天猫、京东 POP、滴滴等平台都有公开的详细规则体系。

而在半自营式和全自营式治理结构中，平台企业要么深入介入供应商的运营，要么自行运营，对每一个供应商区别对待，签订标准不同的契约，因此在同时拥有自营和开放两种模式的平台上，平台协议及规则皆是针对开放平台上的供应商，而其对自营供应商的协议和规则往往处于不公开状态。而此时平台企业成为一个权力的使用者，向供应商发送各种命令，供应商的所有权自治程度极小，很多事务都要由平台企业的后台同意之后才能操作，因此整个平台在很大程度依靠权威实现协调。

此外，随着社交式分销网络向网络交易平台的渗入，很多平台企业通过社交平台宣传平台企业的理念、价值观，进行销售技巧的培训等，因此，随着社交式电商的发展壮大，依靠非正式的关系网络来实现对分销商群体的管控和激励将会越来越多。

综上所述，可以得出如下命题。

命题 3.3：集贸式和商城式治理结构是开放平台，主要依靠平台协议和规则实现协调，半自营式和自营式治理结构为自营平台，更多依靠权威来实现协调，而随着社交电商的发展，逐步地将非正式的关系网络协调方式引入网络交易平台。

三、治理结构的发展多重性

在案例分析中，我们发现所选平台多为嵌入式平台，如京东、未剥离天猫商城以前的淘宝网、携程网、滴滴出行。淘宝网和天猫商城同属于阿里平台，天猫商城创立之初就在淘宝网平台上，甚至现在淘宝网仍然保留了天猫商城的入口；现在的京东平台包括两个，一个是京东 POP，另一个是京东自营；滴滴快车、礼橙专车同属于滴滴出行平台；携程度假产品也包括携程自营、携程代理以及携程零售 3 种模式，同时携程网上还包括其他众多的业务板块，其治理结构都有所不同；云集在 2019 年上市之后也积极开拓开放平台。

平台的发展不是一蹴而就的，其发展过程是一个不断培育互补品和互补商的过程。平台的互补性资产可以细分为通用性互补品和专用性互补品。如淘宝网的商家向消费者提供商品，商家就是通用性互补品的提供商，由于资产通用性，很多商家都可以入驻平台。在平台发展之初，平台企业注重通用性互补品及其提供商的培育，因此在平台初期都有众多补贴政策吸引商家入驻，进而吸引消费者购买，最终形成对平台初期发展至关重要的网络效应。但是随着平台的不断发展壮大，能够向平台提供特殊的能力要素的专用性互补品的培育逐步占据上风。在淘宝、京东、滴滴以及携程的发展过程中，都可以看到平台对专用性互补品及其供应商的培育，如阿里的支付宝、阿里妈妈、菜鸟物流、蚂蚁金服都是专用性互补品，这类互补品的培育，使得网络交易平台上的交易更加顺畅，消费者和供应商对平台的依赖更高，成为平台竞争优势的来源（彭毫、罗珉，2020）。

在此基础上，平台企业开始开疆拓土，在原有平台上嵌入其他治理结构类型的平台。阿里巴巴集团在淘宝网以及专用性互补品支付宝、阿里妈妈对其形成支撑后，开始了天猫商城的开发，原有平台及互补资源为新平台的开发提供了基础。继而，阿里又在天猫商城开发了自营式天猫超市，从而最终形成了多种治理结构并存的阿里巴巴平台。与此类似的还有滴滴出行平台的发展。而京东与阿里的发展模式正好相反，最初的自营式平台在专用性互补品——京东物流体系全面完善的基础上，开放平台边界，发展了京东POP，形成了现有的多重治理结构的嵌入式平台。与此类似的还有云集、曹操出行、首汽约车以及大昌出行。因此，无论平台最初的治理结构是何种类型，在平台的互补资源足够支撑平台发展的情况下，平台企业往往开疆拓土，发展其他类型治理结构，最终形成一个平台上多种治理结构并存的局面。

究其原因，不同类型的治理结构会带来不同的平台优势，半自营或自营式治理结构由于其严格的管理控制，低所有权自治保证了平台上产品或服务的品质，但是却往往以牺牲产品多样性和平台流量为代价。而集贸式和商城式治理结构，由于高所有权自治以及高能激励，保证了产品和服务的多样性，但却给用户体验带来风险，因此相应的管理控制成为其持续发展的一个关键要素。而平台要持续发展，既需要保证能带来网络效应的产品或服务的多样性，又需要保障能提高平台质量的产品和服务品质，因此往往在某一治理结构发展成熟的基础上，继续嵌入其他类型治理结构。

综上所述，可以得出如下命题。

命题3.4：同一网络交易平台在其互补资源培育成熟的基础上，往往演化成多种治理结构并存的局面，因此网络交易平台发展中具有多重性特征。

第四节 网络交易平台治理结构的靶盘模型

经过跨案例分析，我们发现了网络交易平台治理结构多样性、融合性与多重性的特点。基于表述及应用方便，本书形象地将 4 个命题整合，构建了图 3 - 2 所示的网络交易平台治理结构的靶盘模型。本书使用"靶盘"隐喻来表达平台治理者的有的放矢。靶盘上的不同区域代表不同的治理结构，箭代表区分区域的治理工具。平台治理者在治理平台过程中，要将不同种类的箭根据长短不同进行组合，并射向相应的区域，做到有的放矢，这样才能获得较好的治理效果。

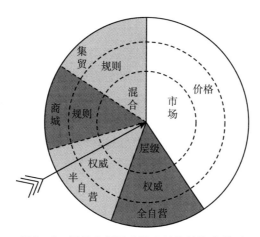

图 3 - 2　网络交易平台治理结构的靶盘模型

注：箭代表治理工具包括 3 种，分别是激励机制、所有权自治以及管理控制。

图 3 - 2 中，靶盘中实线将圆分割成三个部分，分别代表传统治理结构——市场、层级及混合制。其中阴影部分是网络交易平台治理结构与传统治理结构的特征相吻合的部分。因此，网络交易平台并没有脱离传统的"三分法"，而只是比市场、层级或混合制表现出了更大的复杂性。其复杂性更多的是因为网络交易平台治理结构类型多样，其中，集贸式、商城式、

半自营式治理结构具有明显的混合制特征，并且表现出市场治理与层级治理相融合的特点，而全自营式治理结构具有明显的层级制特征。与前人对混合制的研究相吻合，网络交易平台背景下混合制也细分出多种类型，而不仅仅是威廉姆森意义上的混合制，其中集贸式和商城式更靠近市场一端，现实中多依靠规则实现协调，半自营式更靠近层级制，在现实中与全自营式一样更多地依靠权威实现协调。将不同的治理结构映射到现实中的网络交易平台，前两者就是通常意义的开放式平台，在此类平台上，供应商可以相对自由地进入；后两者即为一般意义的自营平台，此类平台相对封闭或完全封闭，供应商进入有较高的壁垒。无论网络交易平台初期是何种类型的治理结构，在其发展成熟及其要素互补品充分的条件下，平台企业往往会将不同的治理结构类型嵌入在同一平台内部发展，形成多重治理结构共存的局面，以同时保证网络交易平台的网络效应和平台质量，实现平台的持续发展。

图 3-2 中的箭代表网络交易平台治理结构的治理维度——激励机制、所有权自治以及管理控制，它们都是平台治理者采用的治理工具，三者的不同组态形成了网络交易平台的 4 种治理结构，每一种治理结构都需要 3 种治理工具的匹配。这意味着 3 种箭要有的放矢，应根据治理结构类型准确地射在靶盘上相应的分区内，从而达到治理工具之间及其与靶盘的匹配，实现理想的治理效果。

第五节　小结

治理结构是保证契约关系完整性和可靠性的组织框架，它定义了不同组织的组织属性，是组织治理的逻辑起点。本书围绕网络交易平台治理结构这一核心议题，利用探索性案例分析网络交易平台的组织属性，得到如下研究结论：（1）基于治理结构的比较制度分析方法，识别出网络交易平台治理结构的 4 种类型。其中全自营式平台表现为层级治理特征，而集贸式、商城式与半自营式平台表现为混合治理特征，而它们已明显脱离经典组织理论中市场、层级及混合制的治理结构的连续谱系，由所有权自治、激励机制以及管理控制高低不同的组态而产生，映射了 4 种现实中存在的网络交易平台。（2）网络交易平台治理结构表现出了与传统治理结构不同的新特征。首先，市场治理的高能激励与层级治理的强管控在网络交易平台治理结构中相互融合，成为其与传统治理结构区别的一大特点。其次，在网络交易平台的集贸式和商城式两种治理结构中主要通过规则实现协调。最后，同一网络交易平台呈现多种治理结构并存的多重性特征。（3）网络交易平台治理结构的靶盘模型可以指导平台治理实践。使用"靶盘"隐喻来表达平台治理者在网络交易平台治理过程中要做到有的放矢。平台治理者应根据"靶盘"中不同区域的治理结构类型，组合3种治理工具之箭，并准确投射到相应区域中，从而达到治理工具之间及其与靶盘之间的匹配，实现理想的治理效果。

第 四 章

网络交易平台治理结构影响因素识别

上一章的研究发现了网络交易平台4种不同的治理结构,那么不同治理结构选择的决定因素又是什么呢?在传统治理结构选择中,交易成本理论主要考虑资产专用性、不确定性以及交易频率对治理结构的决定作用,其中资产专用性是核心因素。但是诸如社会网络理论、资源基础理论、组织协调理论等都发现了交易成本理论的不足,如治理结构选择未考虑其嵌入的社会背景、忽略组织内在资源和能力、忽视组织内协调成本等问题。因此传统治理结构选择的决定因素研究不断向其他领域扩展,考虑了信任、嵌入性、组织资源、组织能力、协调成本等诸多因素。那么,在网络交易平台背景下,治理结构的选择又会受到哪些因素的影响呢?

第一节 治理结构选择影响因素的分析框架

一、分析框架

通过前文对传统治理结构及网络交易平台情境下的治理结构选择的相关文献的梳理,按照高频统计方法提炼出几个关键影响因素,如表4-1所示。

表4-1　　　　　　　　　　　治理结构选择影响因素

理论视角	治理结构影响因素	文献中的其他表述
交易成本理论	关系专用性投资	资产专用性（Jones et al.，1997）；关系专用性投资（Ménard，2004；Dyer & Singh，2018）；专属问题（Gulati & Singh，1998；Dekker，2004）
	不确定性	不确定性、风险（Ring & Van De Ven，1992）；技术不确定（Dyer，1996）；任务不确定性、需求不确定性（Jones et al.，1997）；行为不确定性、波动性与模糊性（Carson，2006）
	交易频率	交易频率、嵌入性（Jones et al.，1997）
社会网络理论	嵌入性	嵌入性（Grandori & Soda，1995）；结构嵌入（Jones et al.，1997）；关系规范（Artz & Brush，2000）；关系契约（Walker & Poppo，1991）
	信任	对信任的依赖（Ring & Van De Ven，1992）
组织协调理论	相互依赖性	相互依赖性（Grandori & Soda，1995）；互补资源的依赖性（Dyer，1996；Dyer & Singh，1998，2018）；可替代性、模块化程度（Baldwin，2008；Jacobides & Winter，2005）；互补性（Jacobides et al.，2018）
	协调性	组织协调（Grandori & Soda，1995）；协调成本（Gulati & Singh，1998）；任务协调（Dekker，2004）；跨任务协同（Makadok & Coff，2009）
其他理论	产品类型	产品的复杂性（Dyer，1996）；长尾产品与短尾产品（Hagiu & Wright，2007，2015a，2015b）
	订单履行难度	任务复杂性（Jones et al.，1997）；订单履行成本（Tian et al.，2018）

　　杜玉申等（2016）总结了平台的两种管理范式——双边市场范式和系统竞争范式。双边市场范式将双边用户都视为平台的目标顾客，平台管理的目标是网络规模最大化，影响网络规模最大化的动力机制是双边用户之间的交叉网络效应，因而管理平台网络的策略主要是利诱关键用户加入网络，再借助交叉网络效应吸引另一边用户。而系统竞争范式只把需方用户视为平台企业的目标顾客，供方用户不过是与平台企业协同创造需方用户价值的合作伙伴，平台管理的目标是需方用户价值最大化。平台生存的关键在于网络协调性，因而管理策略主要是通过架构设计、分工协作和能力支持协同创造顾客价值。在本书对平台治理结构的研究中，遵循的是系统竞争范式，即平台企业和供应商以及其他互补商合作为消费者提供价值，考虑到平台企业和产

品供应商是平台上为消费者提供价值的主要角色，同时为了深入挖掘平台治理结构的本质，本书在治理结构的研究中紧扣平台的核心交互，而没有过多涉及其他平台互补商角色。

在这个分析范式下，本书结合传统治理结构选择的研究成果以及平台新特征，通过对平台内外因素的考量，进行网络交易平台治理结构选择影响因素的提取。

如图 4-1 所示，按照系统竞争分析范式，平台外部因素主要考虑外部环境的不确定性，而网络交易平台作为消费互联网领域中的主要组织形式，造成外部环境不确定性的主要来源是市场需求的不确定性。平台内部是由平台企业、产品/服务供应商和其他互补商共同组成的，它们的交易治理模式即平台的治理结构。参考古拉蒂从合作和协调两个视角考虑合作治理结构的选择，本书选择交易成本理论和组织协调理论中的核心变量"关系专用性投资"以及"相互依赖性"两个因素。此外，在线上零售渠道选择的因素研究中，学者们从渠道选择理论出发，重点考虑了微观层面的产品因素。究其根源可以发现，消费者需求不确定性程度决定了产品类型，需求不确定性高的产品往往是长尾产品，其偏向于标准化程度低、竞争性程度低、信息专业化程度高等特点，反之则相反。此外，渠道选择理论从微观视角考虑了订单履行成本因素，本书认为订单履行难度取决于产品从供应商到消费者的过程中任务的复杂性，如服装、家居等日用产品仓储、运输、配送、售后等较为容易，而生鲜、家电、价值较高的产品等无论是仓储还是运输配送等任务都较为复杂，订单履行成本较高。而任务复杂性也是组织协调理论中所考虑的因素。最后，鉴于平台的弱嵌入性，本书不考虑社会网络视角下的信任、嵌入等因素。

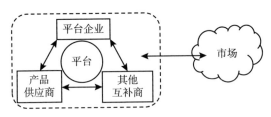

图 4-1 平台系统竞争范式

结合上文所述，本书将从平台内外环境出发，选择需求的不确定性、关系专用性投资、任务的相互依赖性以及任务的复杂性这些影响因素来考虑网络交易平台治理结构的选择。

二、影响因素平台表现差异分析

（一）关系专用性投资

继威廉姆森（1975）的开创性贡献之后，关于关系专用性投资在选择通过市场、层级或混合制组织交易中的作用的研究不胜枚举。关系专用性投资产生的可占用性准租金引发了缔约后的机会主义行为风险，从而导致较高程度的层级控制，这个论断得到了学术界的广泛认同。

在网络交易平台治理实践中，关系专用性投资明显有所不同。在有的平台上，为更好地完成网络交易活动，提升顾客体验，平台企业在事前进行了巨额的专用性投资，这些投资覆盖了从网络建设及推广到物流与仓储体系的建设等平台交易的支撑服务领域，如京东、网易严选、每日优先、曹操出行等；而有的平台中，平台企业只提供网络交易基础设施，并不涉及过多的专用性投资，平台中的供应商独立对平台入驻、产品推广、仓储运输、物流配送等任务做出决定，如淘宝网，拼多多、天猫商城、滴滴出行等。

此外，不同平台上的供应商所需进行的关系专用性投资也是不同的。例如，在出行、外卖、本地生活等平台中，供应商大多数是归属，很少根据平台的特征进行专用性投资；而在淘宝网、京东、网易严选、小米优品等平台中，供应商则需要根据平台特色进行专用性投资，否则将会因为产品不符合平台顾客偏好而无法在平台生存。

因此，网络交易平台中，平台企业和平台上供应商的事前关系专用性投资差异巨大。

（二）需求不确定性

不确定性是交易成本理论中另一个关键的治理结构决定因素。威廉姆森认为不确定性只有在较高关系专用性投资的情况下才会对治理结构产生影响。无须进行关系专用性投资时，意味着人们很容易结成新的交易关系，无论不确定性大小，市场交易都会继续下去，保持合同的连续性不值得；而涉及巨额关系专用性投资的交易，随着不确定性的增加，机会主义风险也在增加，从而迫使交易双方设计出治理结构来解决问题。

环境不确定性可以来自供应商、零售商、竞争对手、监管机构、工会或金融市场（Miles & Snow，1978），不确定性的来源是重要的，因为这些将影响到通过哪种治理形式来协调和维护交易（Jones et al.，1997）。而网络交易平台是典型的消费互联网组织形态，接近消费者一端，因此环境的不确定性更多来源于消费需求的不确定性，而需求的不确定性使得纵向一体化会由于过时或季节性而产生风险。需求的不确定性是由于消费者偏好的未知和快速的变化、知识或技术的快速变化以及季节性而产生的（Jones et al.，1997），传统治理结构中，企业主要通过外包或分包等方式分解成独立的单元（Zenger & Hesterly，1997）。这种解耦增加了应对各种突发事件的灵活应对能力，因为集合的资源可以廉价地和快速地重新分配以满足不断变化的环境需求（Aldrich，2008）。在网络交易平台实践中，在平台创立之初，不同的平台产品品类选择倾向不同，有的倾向于服装、化妆品等日用产品，有的倾向于数码、家电等电器产品，有的倾向于做标品，有的倾向于做非标品，有的倾向于做长尾产品，有的倾向于做短尾产品，有的倾向于不断扩张做成全品类，有的倾向于不断深化垂直做细，而产品品类之间的根本区别在于其市场需求的不确定性的不同。日用、数码、家电不确定性低，时装、美妆、智能产品不确定性高；短尾、标品不确定性低，长尾、非标、定制不确定性高。

可见，在网络交易平台中，产品市场需求的不确定性存在很大的差异。

（三）相互依赖性

组织间资源的互补性导致了合作的产生（Dyer，2018），合作形成后，资源基础的不同产生了合作伙伴之间的分工，为达成共同目标，需要步调一致的行动，从而在合作伙伴之间产生了不同程度的任务依赖（Gulati et al.，2012），依赖性越高，组织为获得互补资源而协调活动的复杂性越高，从而要求合作伙伴投资于更多的专用性资产，达到合作伙伴的步调一致，但也成为机会主义行为的沃土。汤普森（2007）按照相互依赖的强度不同，将其分成3类，集合依赖、序列依赖以及互惠依赖。随着依赖的增强，偶然性的程度递增，导致协作难度增加、协作成本增加。因此，组织间预期相互依赖性越高，治理结构就越层级化（Gulati & Singh，1998）。

在网络交易平台中，平台企业和供应商之间存在着不同程度的任务依赖性。雅格拜兹等（2018）认为在平台生态系统中存在不同的互补性，包括通用互补性、独特互补性、超模块互补性，其中通用互补性由于互补资源的通用性或标准化，使得互补资源间的依赖性较低，只需通过市场就可以解决，而不需要通过特定的结构来协调互补资源的投资以创造高价值；而独特互补性和超模块互补性是非通用的，其任务的依赖性高，需要创建特定的关系结构以创造价值。实践中，平台企业与供应商之间的任务依赖性确有不同，如淘宝网在"让天下没有难做的生意"的价值主张下，意在实现更大规模的供应商和消费者之间的直接交易，因此平台企业和供应商之间模块化运作，各自独立决策、互不影响，平台企业负责提供网络交易基础设施，供应商负责向平台用户提供并传递产品或服务；而有的平台上，平台企业和供应商之间的任务依赖度很高，如京东在"提供越来越好的顾客体验"的价值主张下，平台企业对供应商的产品售前、售中和售后依赖都较高，因此，在平台构建之初决定采取自营模式，从售前到售后全部由平台企业运营，甚至自建物流体系以保证顾客体验，后期鉴于规模巨大，同时考虑到供应商的专业化运营能力，京东采取平台企业与供应商共建运营团队共同进行产品运营的方式，供应商企业负责产品的日常运营，而平台采销在运营团队中占据权力优势地位，产品品类选择、价格制定、营销活动选择等都需要供应商向平台采销申请。

因此，在不同的网络交易平台中，平台企业与供应商之间的任务依赖性不同。

（四）任务复杂性

任务复杂性是指完成一个复杂产品或服务所需的不同专业输入的数量。任务复杂性造成行为间的相互依赖（Pfeffer & Salancik，2003），并提高了对协调活动的需要。而伴随时间压力的任务复杂性，由于并行工作的需要，推动企业走向解体，网络治理有助于在高度时间压力下整合多个独立的、不同的技术团队来创建复杂的产品或服务（Jones et al.，1997）。而当任务重、投资大、风险高时，任务的复杂程度大增，一方面需要进行专用性资产投资，另一方面必须通过加强领导、组织建设、计划管理、激励措施、约束机制、产权保护等综合性举措治理，才能保证资源交易的效率，因此往往选择层级治理（李玉倩等，2020）。

在网络交易平台中，有的平台从平台企业进行架构设计、规则制定、营销活动计划，到平台供应商进行产品销售、运输、配送，通过顺序交易进行协调即可，任务间的独立性较高，任务复杂性低，平台企业和平台供应商往往不需要关系专用性投资以及过多的交互即可为顾客提供较满意的顾客体验。而在有的平台上，产品或服务的完成难度却很高，产品或服务转移的每一个环节，包括从平台企业的架构设计到供应商的产品供应，再到产品的仓储、销售、运输、配送等任务之间的依赖性非常高，如在生鲜平台上，生鲜产品销售完成的复杂性极高，需要进行冷库、冷链等专用性投资，而产品的特殊性也使得销售、仓储、运输与配送之间高度依赖，各个任务之间必须在步调一致的计划管理才能实现较好的顾客体验。

因此，不同的网络交易平台，任务的复杂性程度各有差异。

以上分析说明了各个影响因素在网络交易平台上的表现存在巨大差异。那么这些影响因素是如何影响网络交易平台治理结构的选择的？这些影响因素中哪些因素处于核心地位，哪些因素起到辅助作用？本书将利用 QCA 分析方法进行上述问题的探讨。

第二节　研究设计

一、方法选择

本书尝试在组态视角的基础上分析网络交易平台选择背后的多元驱动机制，拟采用模糊集定性比较分析方法开展实证检验。定性比较分析（QCA）由拉金（Ragin，1987）提出，其以布尔代数运算与集合论的思想为基础，探究哪些因素组合是必要的或足以产生特定结果的（Fiss，2007，2011），是一种兼具定性分析与定量分析优势的分析复杂因果关系的方法，近年来由于其具有处理小样本、复杂因果关系的优势，因此得到了越来越多学者的关注与认同。从 2000 年开始，国外学界在实证研究中对 QCA 的关注呈现显著的上升趋势，涉及的应用领域包括政治学、社会学、管理学与国际关系等诸多学科。近年来，国内学界也开始陆续将该方法应用在组织的战略管理和技术应用等领域中（王凤彬等，2014；杜运周、贾良定，2017）。

本书选取模糊集定性比较分析探索网络交易平台治理结构的选择机理，

主要基于以下考虑：

第一，原因变量的组合效应。在传统治理结构选择的影响因素的实证研究中，以基于交易成本理论的研究为主流，而其中资产专用性是最核心的自变量，很多学者研究了资产专用性对治理结构选择的独立影响，并得到了大量的实证支持。然而对于第二大影响因素——不确定性的实证研究，无论是研究框架的搭建，或是研究结果的呈现都弱化了威廉姆森对不确定性的或有效应的假设，即只有存在资产专用性的情况下，它才会影响治理结构。学界要么简单地假设存在资产专用性，并将不确定性的主要影响解释为支持（或不支持）该理论的迹象，要么确实测试了资产专用性和不确定性之间相互作用的影响，但只有极少数研究明确测试了这种相互作用效应，尽管这是交易成本理论框架的重要组成部分。此外其他理论视角（如社会网络视角、组织协调视角）也有为数不多的实证研究，且这些研究多采用回归模型分析各变量对治理结构选择的独立影响（Gulati & Singh，1998；Chen & Chen，2003）。然而，理论分析表明，要揭示治理结构的选择机理，资产专用性、不确定性、相互依赖性、任务复杂性等因素的独立作用或两两交互作用的常规统计分析远远不够，必须从整体性关系出发，探讨这些影响因素之间复杂的共同作用。而 QCA 方法并不将各影响因素设为独立作用于结果变量的自变量，而是将其视为以组合的方式共同引致结果的出现，并不关注原因变量对结果变量的独立净效应，而专注挖掘对结果有解释力的大量原因变量组成的相似或相异组合。相比之下，统计分析方法很难处理 3 个以上变量的交互作用。

第二，殊途同归。在统计分析中，自变量独立影响因变量，最多加入调节变量考察两个变量对结果变量的交互作用。但在实践中，传统治理结构和新型的网络交易平台治理结构往往出现殊途同归的现象，表明可能存在多条导致统一治理结构选择的"等效"因果链。例如，学界公认资产专用性是导致纵向一体化重要原因，但是网络交易平台实践中却发现很多资产专用性并不高的平台也选择对供应商后向一体化，如网易严选、曹操出行等。面对这一问题，统计分析方法虽然能够通过引入中介变量和调节变量将其他影响因素纳入统一分析模型来刻画这些变量对结果的不同影响方式，但是所有自变量在解释因变量变异时只能是替代关系或累加关系，而不是完全的等效关系（王凤彬等，2014）。而 QCA 方法则认可不同原因变量的组合对结果有互补冲突的完全等效性，帮助研究者理解不同案例场景下导致结果产生的差异化驱动机制，并进一步讨论条件间的适配与替代关系。

第三，因果不对称性。在因果关系的统计分析中往往存在因果对称性，即 A 是 B 产生的一个原因变量，那么非 B 结果出现的原因变量中必然存在非 A。然而在治理结构选择的理论研究和实践应用中却不尽然，例如，高资产专用性往往导致层级治理的产生，而市场治理和混合治理的原因变量中却不必然存在低资产专用性，也不必然不存在高资产专用性，如沃克和波普（1991）以制造业为背景研究了企业间的供应关系，发现高资产专用性并不必然导致层级制，关系契约削弱了资产专用性作为内部交易成本低的必要条件和市场交易成本高的充分条件的作用。因此，结果变量出现的条件与导致结果变量的"否集"出现的条件可能并不相同。然而传统统计分析方法却无法对此类现象做出合理解释，而 QCA 方法允许并且能够很好地处理这种因果关系中的不对称性问题（Fiss，2011）。

第四，小样本。统计分析方法往往对样本量有较高的要求，在国内虽然网络交易平台众多，平台上入驻的供应商更是规模巨大，但是由于存在平台的跨边网络效应导致的"赢者通吃"现象，在每个行业中稳定生存发展的平台并不多，很多小平台追随大平台模式，却很难在行业中占一席之地。例如在旅游行业中携程独大，飞猪、途牛、同程、马蜂窝共存的行业格局；在本地生活服务中美团独大，外加饿了么和口碑网占据一定市场份额；在购物领域和出行领域中，存活的平台相对而言较多，但也是某一平台或某几个平台独大的市场格局。因此，可选择的网络交易平台的数量很难达到统计分析的样本量要求。而 QCA 方法的分析结果稳健性并不取决于样本大小，而是取决于样本是否涵盖了代表性的个体。通过对代表案例的深入分析，同时辅之以统计分析方法中的系统量化分析，使得 QCA 成为一种兼具定性分析（案例导向）与定量分析（变量导向）优势的分析方法（赵文，2020）。

基于以上考虑，本书选择模糊集定性比较分析（fs/QCA）方法来分析网络交易平台背后的选择机理。QCA 方法有 3 种基本类型：清晰集定性比较分析（cs/QCA）、模糊集定性比较分析（fs/QCA）和多值集定性比较分析（mv/QCA）。相较于 cs/QCA 和 mv/QCA 只适合处理类别问题的特点而言，fs/QCA 还能够进一步处理有关程度变化抑或部分隶属的问题（杜运周、贾良定，2017）。正因如此，fs/QCA 在近年来的实证研究中的采用呈上升趋势。

二、样本选择与数据收集

（一）样本选择

本书的平台样本的选择是根据中国信息通信研究院发布的《互联网平台治理研究报告（2019）》《中国互联网行业发展态势暨景气指数报告（2019）》，天津财经大学组织创新与治理研究中心发布的《中国网络平台治理研究报告（2020）》《中国网络平台治理研究报告（2019）》，中国互联网协会发布的《中国互联网企业综合实力研究报告（2020）》以及 Mob 研究院发布的《2020 生鲜电商行业洞察》等对网络零售、本地生活、在线旅游、生鲜电商等行业按照市场占有率排行顺序进行筛选，同时结合中国管理案例共享中心案例库以及内容平台知乎、创业邦、亿邦动力网等所能搜集到的案例，最终选择了 37 个网络交易平台作为研究样本，如表4－2 所示。

表 4－2　　　　　　　　　　　　　　　样本案例

行业	平台名称
网络零售	淘宝网、天猫商城、京东自营、京东 POP、拼多多、网易严选、小米有品、创客云商、云集自营、苏宁易购自营、苏宁开放、唯品会、小红书福利社、小红书商城、蘑菇街
旅游	携程自营、携程代理、携程零售、携程当地玩乐、马蜂窝、去哪儿、飞猪旅行
出行	滴滴快车、滴答顺风车、滴滴顺风车、曹操专车、大昌出行、大昌出行社会平台、神州专车、礼橙专车
生鲜	每日优鲜、盒马、京东到家、花点时间、花集网
本地生活	美团外卖、饿了么

（二）数据收集

本书收集了一手访谈数据和二手数据。

首先，尽可能获取一手访谈数据，除了平台企业内部员工外，平台上的商家也是可访谈的重要对象，他们常年在某个平台或多个平台运营，对平台的治理行为非常熟悉，且相对于平台企业内部员工，规模巨大的商家群体更容易成功访谈，最终完成对 12 个平台的一手数据收集，将其作为本书变量赋值的依据。

其次，考虑到平台企业地理分布上分散性和广泛性，很多平台企业极难接触到内部员工，本书收集了大量二手资料。二手资料收集按如下步骤进行：第一，按照"平台名称"＋"变量名称"的搜索方法，在中国管理案例共享中心案例库（CMCC 数据库）、"中国知网"等数据库和"百度""知乎"等网站进行关键词搜索，获取相关案例文献。第二，对于未搜索到案例文献的平台，放宽搜索条件，仅按照"平台名称"进行搜索。通过对案例文献的阅读，最终选择 74 篇作为本书变量赋值的案例依据。

三、变量测量及赋值依据

应用 fs/QCA 方法要求对每一个样本的每一变量进行编码赋值，因此必需对每一个变量的赋值依据做出界定。我们在本书第三章和前人相关理论及量表的基础上，制定了不同变量的赋值依据。

fs/QCA 的赋值在 cs/QCA "0，1"赋值的基础上允许在特定集合中存在部分隶属关系，可以三值赋值"0、0.5、1"，也可以四值赋值"0、0.33、067、1"，其中四值赋值能够更清晰地反映出样本数据间的差异（吴义爽、王节祥，2017），因此选择四值赋值法，其中"0"表示完全不隶属，"1"表示完全隶属，"0.33"表示不隶属的程度大于隶属的程度，"0.67"表示隶属的程度大于不隶属的程度。

（一）结果变量及其赋值

本书考察网络交易平台治理结构的选择机理，根据前文对网络交易平台组织属性的研究结果，作为结果变量的网络交易平台治理结构存在 4 种类型，分别为集贸式、商城式、半自营式和全自营式。集贸式与商城式治理结构本质上均为开放式平台，不同之处仅在于商城式治理结构中管理控制更甚。而半自营式和全自营式本质上都是自营为主，半自营式治理结构是全自营式发展的一定阶段的产物，因为随着平台上产品种类的日渐增多、供应商规模的指数增长，平台企业运营所有产品的能力受限，而供应商作为最了解自己商品特性和目标消费群体购物特性的群体，是商品运营的不二人选。因此平台企业往往将供应商从单纯的商品提供者转为深度合作供应商，除了要推荐最适合消费者的高质量商品以外，还需要在推荐商品审核通过后，主动自主完成库存管理、商品编辑、商品定价、商品汰换、商品营销等业务作业，采取这种模式可以最大限度调动供应商的积极性，从而更好地满足消费者需求。

在对以上 37 个网络交易平台的数据进行 fs/QCA 分析之后，我们发现，由于半自营式治理结构案例数量的不足，导致一致性很小，而无法进行构型分析。考虑到集贸式和商城式以及半自营式和全自营式的关系，同时为了能够深入挖掘网络交易平台治理结构的选择机理，本书中将集贸式和商城式合并为开放式治理结构，将半自营式和全自营式合并为封闭式治理结构统一考量。

因此，本书首先根据表 3-6 和表 3-11 中不同的网络交易平台治理结构在 3 个核心构念——激励机制、管理控制以及所有权自治中的不同表现测度表 4-2 中样本平台的治理结构；继而，在对集贸式和商城式治理结构进行构型分析时，将二者都记为 1，而将半自营式和全自营式记为 0，在对半自营和全自营式治理结构进行构型分析时，将二者记为 1，而将集贸式和商城式记为 0。

（二）原因变量及其赋值

根据本章第一节治理结构选择影响因素的分析框架，本书从 4 个方面、5 个变量考察网络交易平台治理结构的选择。

第一，关系专用性投资。关系专用性投资也称资产专用性，是交易成本理论的核心变量。在国内外研究组织的文献中经常出现资产专用性变量，且对其的测量也较为成熟。本书主要参考威廉姆森对资产专用性的概念界定和类型划分及部分有影响力的学者所采用的量表来测量企业关系专用性投资的程度，进而对其进行赋值。在本书所考察的网络交易平台上，存在两个主要的参与者群，平台企业及供应商，而它们对平台的关系专用性投资是截然不同的。因此本书从平台企业的关系专用性投资和供应商的关系专用性投资两个维度分别测量，其各自的赋值依据如表 4-3、表 4-4 所示。

表 4 – 3 　　　　　　平台企业关系专用投资（LAS）变量的赋值依据

分值	赋值依据	参考文献
1	平台企业为了平台的顺利运行，进行了大量的专门用于该平台的人员、设备、厂房、培训和关系维护等方面的投资，且如果不进行这样的专用性投资，一定会导致次优的结果	威廉姆森（2018）；埃伯斯和奥尔曼斯（2016）
0.67	平台企业为了平台的顺利运行，进行了专门用于该平台的人员、设备、厂房、培训和关系维护等方面的投资，且如果不进行这样的专用性投资，可能会导致次优的结果	
0.33	平台的顺利运行很少需要平台企业进行专门用于该平台的人员、设备、厂房、培训和关系维护等方面的投资，且即使不进行这样的专用性投资，也很少导致次优的结果	
0	平台的顺利运行完全不需要平台企业进行专门用于该平台的人员、设备、厂房、培训和关系维护等方面的投资，且不进行这样的专用性投资完全不会导致次优的结果	

表 4 – 4 　　　　　　平台供应商关系专用投资（SAS）变量的赋值依据

分值	赋值依据	参考文献
1	平台供应商为了自己的产品在平台上顺利运营，进行了大量的专门用于该平台产品的人员、设备、厂房、培训和关系维护等方面的投资，如果不进行这样的专用性投资，一定会导致次优的结果	威廉姆森（2018）；埃伯斯和奥尔曼斯（2016）
0.67	平台供应商为了自己的产品在平台上顺利运营，进行了专门用于该平台的人员、设备、厂房、培训和关系维护等方面的投资，如果不进行这样的专用性投资，可能会导致次优的结果	
0.33	平台供应商的产品在平台上的顺利运营很少需要供应商进行专门用于该平台的人员、设备、厂房、培训和关系维护等方面的投资，即使不进行这样的专用性投资，也很少导致次优的结果	
0	平台供应商的产品在平台上的顺利运营完全不需要供应商进行专门用于该平台的人员、设备、厂房、培训和关系维护等方面的投资，即使不进行这样的专用性投资也完全不会导致次优的结果	

　　第二，平台企业与供应商任务间的相互依赖性。相互依赖性是指工作对象或要素之间或工作过程之间所存在的相互关联，这种关联导致一个要素状态的改变会影响其他要素的状态。在平台中平台企业与供应商的任务间也存在不同程度相互依赖性。汤普森提出了一个实用的相互依赖性分类：集合依赖、顺序依赖以及互惠型依赖。本书主要参考汤普森的相互依赖类型分类进行

平台企业与供应商任务间相互依赖性的测量与赋值，赋值依据如表4-5所示。

表4-5　　　　平台企业与供应商相互依赖性（PID）变量的赋值依据

分值	赋值依据	参考文献
1	平台企业与供应商任务相互影响，任务互为输入、输出	汤普森（2007）
0.67	平台上存在很多任务，这些任务需要平台供应商的任务完成之后，平台企业才能进行	
0.33	平台上存在很多任务，在平台企业任务完成之后，供应商任务才能进行	
0	平台企业与供应商任务间的几乎没有相互影响，仅仅体现为各自的所有任务要素都只为同一个目标服务，如消费者良好的购物体验	

第三，平台任务复杂性。任务复杂性是琼斯等（Jones et al., 1997）在讨论网络治理时提出的一个导致网络治理产生的一个重要变量，已经成为网络组织研究领域的一个重要概念，被很多学者使用并测量过。任务复杂性是指完成一个复杂产品或服务所需的不同专业输入的数量。任务复杂性造成行为间的相互依赖，并提高了对协调活动的需要。本书主要参考琼斯以及部分有影响力的学者所采用的量表对其进行测量与赋值，赋值依据如表4-6所示。

表4-6　　　　平台上任务复杂性（PTC）变量的赋值依据

分值	赋值依据	参考文献
1	平台上任务的顺利完成需要大量的经验和实践知识，而这些经验和知识无法在一般的流程描述中编码；任务的完成过程需要基于极为复杂的程序/技术，需要相应人员的各种能力；执行这项任务一定需要不同人员/专家的准确、及时和实质性的协调	琼斯等（1997）；埃伯斯和奥尔曼斯（2016）
0.67	平台上任务的顺利完成需要经验和实践知识，而这些经验和知识难以在一般的流程描述中编码；任务的完成过程需要基于相对复杂的程序/技术和相应人员的各种能力；执行这项任务一般需要不同人员/专家的准确、及时和实质性的协调	
0.33	平台上任务的顺利完成需要的经验和实践知识大部分可以在一般的流程描述中实现编码；任务完成过程所需的程序/技术及相应人员的各种能力都较为简单；这项任务的子任务一般可以同时进行，很少需要不同人员/专家的准确、及时和实质性的协调	
0	平台上任务的顺利完成需要的所有经验和实践知识都可以在一般的流程描述中实现编码；任务完成过程所需的程序/技术及相应人员的各种能力都非常简单；这项任务的子任务之间相互独立，完全不需要不同人员/专家的准确、及时和实质性的协调	

第四，市场需求的不确定性。不确定性是交易成本理论中另一个关键的治理结构决定因素。网络交易平台是典型的消费互联网组织形态，因此本书考察消费需求的不确定性。根据琼斯等（1997）的研究，需求的不确定性是由于消费者偏好的未知和快速的变化、知识或技术的快速变化以及季节性而产生的，本书参考该研究对市场需求的不确定性进行测量和赋值，赋值依据如表4-7所示。

表4-7　　　　市场需求不确定性（DUC）变量的赋值依据

分值	赋值依据	参考文献
1	平台上大部分产品的目标顾客偏好变化很快；平台上大部分产品的技术或知识变化很快；平台上存在大量的季节性产品	
0.67	平台上大部分产品的目标顾客偏好较快；平台上大部分产品的技术或知识变化较快；平台上存在很多季节性产品	
0.33	平台上大部分产品的目标顾客偏好变化较慢；平台上大部分产品的技术或知识变化较慢；平台上存在少量的季节性产品	琼斯等（1997）
0	平台上大部分产品的目标顾客偏好变化都非常慢；平台上大部分产品的技术或知识变化非常慢；平台上几乎不存在季节性产品	

四、变量赋值过程

根据不同样本的表现对各个变量进行赋值，就需要对所收集到的一手访谈资料和二手数据进行编码处理。数据编码处理需要进行严格的交叉验证，以保证研究信度（王节祥，2018）。因此我们组建了3人编码小组，除了本书作者之外，其余2人皆为作者所在研究团队的企业管理专业博士研究生，在组织研究领域具有较好的理论功底，从而保证了编码的信度和效度。本书进行3人背靠背编码，2人编码，1人校验，考虑到作者对研究问题较为熟悉，因此参与所有平台的编码。具体编码赋值的步骤如下：

第一，分组编码。将37个样本平台按行业分成4组，每组由2人就负责的样本所收集的数据进行整理并编码，并按照平台企业关系专用性投资、平台供应商关系专用性投资、平台企业与供应商任务的相互依赖性、平台任务复杂性以及市场需求的不确定性5个变量进行编码归类。剩余1人进行编码核验。

第二，编码赋值。2 人小组背靠背按照所其归类的编码进行样本变量的赋值，表 4 – 8 展示了京东自营编码赋值示例。

表 4 – 8   京东自营编码示例

变量	赋值	编码依据
LAS	1	当时，中国的快递行业以乱著称，就像诸侯混战，割据一方，快递公司多以加盟店的方式扩张地盘，导致了服务质量极其不稳定，各种暴力卸货手段、丢货事件层出不穷。于是，2007 年开始投巨资自建物流，仓配一体，送货和售后的速度和稳定性都遥遥领先
SAS	0.33	大品类及标品相对容易受到京东自营的青睐，京东有 8 个城市常规入货仓，供应商只需要将货物交给离自己所在地最近的仓库，其他城市的分仓和物流由京东内部完成，非常方便，而且京东的物流费用比供应商自己用第三方物流发货费用更低，且发货更快
PID	1	京东的各个品类都有专门的采销团队负责经营，其对成本、收入和毛利负责，同时售后也由京东的客服中心负责。而产品进入京东自营平台后，定价、促销基本由供应商自主决定，但是要报京东采销批准才能执行。供应商对采销人员工作的响应程度、促销支持、毛利支持、赠品支持对双方的合作很重要
PTC	0.67	京东以计算机、通信和消费电子产品（3C 产品）起家，其单品价值较高，消费者对产品质量、物流运输、售后服务都比较看重，后来京东自营又开始做大家电，大家电项目投入非常大，需要建单独的库房，配送也复杂，需要请背楼工把大家电背上去，还涉及安装、售后等问题。因为物流运输、售后服务一系列的复杂任务，使得刘强东一开始决定做大家电时就遭到了激烈的反对
DUC	0	相对于淘宝上产品的多样性和个性化，京东上的商品大多是标准品，尤其是 3C 产品，即使扩充到多品类，也多为品牌产品，而一般这类产品的市场需求往往较为稳定，不会出现大的波动起伏

第三，编码信度检验。通过计算编码一致性得分检验编码赋值信度。2 人小组对某一变量的编码赋值一致，则得分 1，否则为 0。表 4 – 9 展示了 37 个平台的初次编码信度检验结果。

表 4 – 9   初次编码信度检验

样本	LAS	SAS	PID	PTC	DUC	合计
1	1	1	1	0	1	4
2	1	1	1	1	1	5
3	1	1	1	1	0	4
4	1	0	1	0	1	3

续表

样本	LAS	SAS	PID	PTC	DUC	合计
5	1	1	0	0	1	3
6	1	1	1	1	0	4
7	0	1	1	1	1	4
8	1	1	1	0	0	3
9	1	0	1	1	1	4
10	1	1	0	1	1	4
11	1	1	0	1	0	3
12	1	1	1	0	1	4
13	1	1	1	1	0	4
14	1	1	1	1	1	5
15	1	1	1	1	1	5
16	1	0	0	1	0	2
17	1	1	1	1	1	5
18	1	1	1	0	1	4
19	1	1	1	1	1	5
20	1	1	1	1	0	4
21	1	1	1	1	1	5
22	1	1	1	0	1	4
23	0	1	1	1	1	4
24	1	1	0	1	1	4
25	1	1	1	0	1	4
26	1	1	1	1	1	5
27	1	0	1	0	1	3
28	1	1	1	1	1	5
29	1	1	1	1	1	5
30	1	1	1	1	1	5
31	1	1	0	0	1	3
32	1	1	1	1	1	5

样本	LAS	SAS	PID	PTC	DUC	合计
33	1	1	1	1	0	4
34	1	1	1	1	1	5
35	1	0	0	1	0	2
36	1	1	1	0	1	4
37	1	1	1	1	1	5
合计	35	32	30	26	28	151

第四，编码赋值修正。本书对单一样本编码一致性的最高得分为 5 分，即 5 个变量全部一致。所有编码数据的最高一致性得分为 $37 \times 5 = 185$，其中初次编码的一致性得分为 151，一致性系数为 $151/185 \times 100\% = 81.62\%$，表明编码信度较好。其中不一致主要体现在平台任务的复杂性和市场需求的不确定性两个变量上。3 人小组就该结果进行了深入探讨，同时邀请研究团队其他老师就变量赋值依据开展讨论，在对原始资料重新进行梳理的基础上，最终确定各方均认可的赋值。

第三节　构型分析

一、必要条件分析

在对条件组态进行分析前，首先需要逐一对各个条件的"必要性"进行单独检验，如果某个原因变量是导致结果出现的必要条件，则表明该原因变量一定会被纳入结果构型，因而也就没有必要将其纳入随后的定性比较分析之中。QCA 是建立在集合论基础上的分析方法，通过判断原因变量对应的案例集合是否为结果变量对应案例集合的子集来判断原因变量是否为导致结果出现的必要条件。

本书使用 fs/QCA 3.0 软件进行数据分析，得到如表 4 - 10 所示的必要性检验结果。由表 4 - 10 可知，除了"平台企业关系专用性投资"外的其他所有原因变量的一致性都低于0.9，表明本书所分析的各原因变量并非引致开放式或封闭式治理结构的必要条件，因此在随后的真值表运算时应予以保留。而"平台企业关系专用性投资"的一致性虽然高于0.9，但是其对应的覆盖率却低于0.9，这充分说明尽管该变量通过一致性检验，但是依然无法构成合作行为的必要条件。这一结果表明了治理结构产生的复杂性，即需要不同因素之间的联动匹配才能共同影响治理结构的选择，因此，应该综合考量不同影响因素之间多重条件的并发协同效应。

表 4-10 各变量必要条件检验

项目	开放式治理结构		封闭式治理结构	
原因变量	一致性	覆盖度	一致性	覆盖度
平台企业关系专用性投资	0.132	0.147	0.901	0.853
~平台企业关系专用性投资	0.870	0.913	0.101	0.087
供应商关系专用性投资	0.752	0.704	0.371	0.296
~供应商关系专用性投资	0.249	0.317	0.629	0.683
相互依赖性	0.182	0.218	0.767	0.782
~相互依赖性	0.819	0.805	0.235	0.195
需求的不确定性	0.801	0.707	0.391	0.293
~需求的不确定性	0.201	0.278	0.610	0.722
任务复杂性	0.367	0.537	0.373	0.463
~任务复杂性	0.631	0.543	0.629	0.457

二、构型结果呈现

各个原因变量的必要性检验表明，单个要素条件对治理结构选择的解释力较弱。因此，本部分将进一步将这些原因变量纳入 fs/QCA 分析中，分析网络交易平台中开放式治理结构和封闭式治理结构选择的影响因素。需要注意的是，通过模糊集定性比较分析可以得到 3 类解：复杂解（不包含"逻辑余项"）、简约解（包含"逻辑余项"但不评价其合理性）以及中间解（仅限于将符合理论和实际知识的"逻辑余项"纳入解）。其中复杂解用最保守的方式处理反事实，未经过简化，得到的构型较多，对之后的路径分析不利；精简解和中间解都经过了简化，但精简解不仅加入了简单反事实分析，而且还加入了复杂反事实分析，因而可能会过度简化，出现与现实不符的情况；而中间解只考虑了简单反事实分析，虽然推论过程较为保守，但所得结果会较为合理，更加符合现实（赵文等，2020）。因而，一般而言，中间解优于另外两种解。此外，本书根据是否同时出现在简约解和中间解中的原因变量来区分组态的核心条件和边缘条件，核心条件将对结果产生重要影响，与结果有较强因果关系，是不可替代的变量，而边缘条件仅出现在中间解中，起辅助作用，是可被代替的变量（杜运周、贾良定，2017）。

根据 QCA 方法的最新发展，本书同时使用更准确的不一致性比例减少（PRI）评分进行案例的筛选，其中考虑到一致性与不一致性比例减少评分的自然断裂，一致性阈值设为 0.7，同时参考孟德尔和拉金的相关研究，PRI 阈值设为 0.7。构型结果如表4－11 所示。

表 4－11　　　　　　　　不同治理结构选择的构型

项目	开放式治理结构		封闭式治理结构	
条件组态	1	2	1	2
平台企业关系专用性投资（PZ）	⊗	⊗	●	●
供应商关系专用性投资（GZ）	●			⊗
相互依赖性（YL）	⊗	⊗	●	●
需求的不确定性（BQD）		●	⊗	
任务完成复杂性（FZ）		⊗		●
一致性	0.910	0.907	0.880	0.768
覆盖度	0.670	0.484	0.570	0.255
唯一覆盖度	0.253	0.067	0.394	0.079
解的一致性	0.918		0.870	
解的覆盖度	0.736		0.649	

注：本书采用拉金和菲斯（Ragin & Fiss，2008）所提出的 QCA 分析结果呈现形式，其中，● 代表原因变量出现，⊗表示原因变量未出现，大圈和小圈用来区分核心要素和非核心要素，空白区域表示原因变量的出现与否对结果而言无关紧要。

三、基于构型结果的核心与边缘选择要素的识别

（一）开放式治理结构构型

比较构型1、构型2可以看到较低的平台企业的关系专用性投资和平台企业与供应商之间的低依赖性是影响开放式治理结构选择的核心要素，对结果有较强的因果关系。这表明平台企业仅构建平台基础设施，便于平台供应商和消费者的直接连接，而没有投入过多的关系专用性投资介入到平台供应商的产品运营中，其把供应商看成是同质性的个体而颁布平台规则统一管控，从而与供应商之间的依赖性很低。

在核心要素的基础上，构型1增加了较高的供应商的关系专用性投资这个要素的影响。其代表性平台包括京东POP、淘宝网、蘑菇街、携程零售、携程当地玩乐、马蜂窝、飞猪旅行等。该类平台上产品的多样性极强，供应商都进行了符合平台特色的关系专用性投资，因为供应商作为产品的直接生产者或运营者最了解自己的产品特性和顾客偏好，为了实现产品的顺利销售而进行关系专用性投资，如掌握产品专业信息的专用性人力资源投资等。

构型2在核心要素的基础上增加了较高的需求不确定性和较低的销售任务完成的复杂性，与构型1相比，缺少了高供应商专用性投资，增加了高需求不确定性以及低任务复杂性。其代表性平台包括淘宝网、天猫商城、小红书商城、蘑菇街、美团外卖、饿了么、滴滴顺风车、滴答顺风车。当消费者的需求不确定较高时，平台企业由于平台产品品类众多，因此很难如供应商一样在产品生产和转移过程中进行诸多关系专用性投资，而供应商作为最了解目标顾客需求特点的"专家"，成为产品运营的最佳人选，如时尚类产品尤其是服装类产品。此外，较低的任务复杂性使得供应商订单履行难度较低，保证了供应商完全依赖市场购买独立解决，而无须平台企业的介入，因此开放式的治理结构在最大限度地调动供应商的积极性的同时完全可以独立更好地满足消费者需求。

（二）封闭式治理结构构型

封闭式治理结构存在两条路径，对其进行比较并结合核心要素的筛选条件可以看出，平台企业较高的关系专用性投资和平台企业与供应商之间的高

度依赖是影响封闭式治理结构选择的核心要素。这表明平台企业为了实现更好的顾客体验进行了较高程度的关系专用性投资，如仓储、物流、配送等投资，而作为产生顾客良好体验的核心——产品本身，由于供应商独立运营难以保证其不会产生"搭便车"的行为而售卖低质伪劣产品，因此平台企业采取自营的方式保证货源，从而使得平台企业和供应商之间的依赖性较高，平台企业依赖供应商提供的产品实现顾客的良好体验，而供应商依赖平台企业提供的专用性投资服务顾客。

在核心要素的基础上，构型1加入了较低的需求不确定性。其代表性平台包括网易严选、云集自营、创客云商、苏宁易购自营、唯品会、曹操专车、大昌出行、神州专车等。因为较低的需求不确定性意味着顾客需求的可预测性，通过标准化产品往往可以满足顾客需求，从而保证平台企业的关系专用性投资的规模效应，降低平台企业产品运营的成本，使得平台企业自营成为可能。

构型2在核心要素的基础上，加入了较高的任务复杂性和较低的供应商专用性投资。其代表性平台包括京东自营、每日优鲜、盒马、花点时间等。对于销售任务完成复杂度较高的产品而言，往往需要供应商或者平台企业进行大量的专用性的投资，包括仓储、物流配送，如生鲜产品。对于供应商而言，由于产品经营规模较小，若进行关系专用性投资则难以产生规模经济；而对平台企业而言，一方面其实力较强，另一方面平台的构建产生了需求规模效应，使得平台企业既有能力也有意愿进行关系专用性投资，进而产生较高的顾客体验。

从以上的构型分析中可以发现，无论是开放式还是封闭式治理结构，相互依赖性与平台企业的关系专用性投资都作为核心选择要素出现于构型中，但是核心要素却并非充分条件，无论是哪种构型，结果变量的产生都尚需边缘选择要素的辅助作用，包括供应商的关系专用性投资、需求的不确定性以及任务的复杂性。

第四节　治理结构核心与边缘选择要素的理论阐释

本书通过构型分析识别了网络交易平台治理结构的核心和边缘选择要素。作为核心选择要素的平台企业的关系专用性投资是交易成本理论的核心概念，而相互依赖性源自组织理论，因此，在解释网络交易平台治理结构选择时，传统经典理论仍处于核心地位。但是核心要素并非治理结构产生的充分条件，必须以各种边缘要素辅之，而其中需求的不确定性及任务的复杂性往往具有现代平台经济特征。

一、基于经典理论的核心选择要素分析

关系专用性投资是交易成本理论中的核心概念，而相互依赖性来源于组织协调理论。第一章在进行治理结构选择影响因素及影响机理的文献回顾中呈现，交易成本理论在治理结构研究领域中处于核心地位，而组织协调理论也是其中的一支主流。

组织协调理论认为，相互依赖是决定企业治理结构的一个特别重要的因素。古拉蒂等（2012）认为防止机会主义的持续承诺、专用性关系投资、信任和合同保障本身并不能保证合作的成功。尽管有最好的意图，但合作伙伴可能会发现很难有效地组合它们带来的资源，同步它们的行动，或实现计划的回报，这是因为协调失败。协调是指有意、有序地调整合作伙伴的行动，旨在确保合作伙伴的努力一致，并以最小的过程损失产生预期的结果。企业一旦决定加入合作，就存在另一组由预期协调成本引起的问题。"相互依赖"是定义组织内部协调成本的一个基本原则，由汤普森（2007）等开发，将其主要应用于研究组织的内部设计特征。组织协调学者实际上将相互依赖所带来的挑战称为"协调成本"（McCann & Galbraith，1981）。随着相互依赖或协调成本的增加，信息处理成本增加（Galbraith，2012），快速反应的压力（Emery & Trist，1965）和冲突也会增加。古拉蒂等（1998）与阿加瓦尔等（Aggarwal et al.，2011）都认为企业间相互依赖性越高，企业间合作的治理结构的层级化程度就越高。在网络交易平台中，亦是如此。原始路径中，相互依赖是决定网络交易平台治理结构的核心变量，随着平台与企业间相互依赖程度的提高，治理结构逐渐走向层级治理。

淘宝网、拼多多、天猫、滴滴出行等网络交易平台是开放式平台，平台企业与供应商之间是集合式依赖，合作为顾客提供产品和服务。供应商与平台企业之间的协调行为非常少，平台企业依靠标准化的界面以及公开的规则体系实现平台企业、供应商与顾客以及供应商之间的协调，而平台企业与供应商之间的深度交互协调行为极为少见。模块化的运作方式使得

平台企业与供应商之间的协调需求极少，双方在各自的模块内做出独立决策。

而在京东自营、天猫超市、苏宁易购自营等半自营平台上，供应商与平台企业之间多以依赖程度最高的互惠性依赖为主。不同于传统的零售商，供货商只管供货，半自营平台上的平台企业与供应商共同组成运营团队，运作平台上的产品或服务。产品的详情优化、主图视频、活动规划、专业化客服，都需要供应商提供，但是供应商后台的权限又非常少，很多设置都需要与采销沟通，向采销申请之后，最终由采销做出决策。因此，在整个产品的运营过程中，平台采销与供应商之间的互动非常频繁，依赖性非常高，协调行为也非常多。在平台采销与供应商组成的运营团队中，平台采销处于绝对的权力优势，通过权威实现协调。

在网易严选、云集自营、创客云商、每日优鲜等全自营平台中，平台企业与供应商多以序列依赖为主。与传统零售商一样，供应商将产品交给平台，产品在平台上的运营完全交由平台企业。但是为了保证平台上的产品质量，提高消费者体验，平台企业往往会从多方面参与供应商产品的生产，如投入设计团队、资金帮助上游改造等，或者产品完全是自己生产，因而此时多为互惠依赖。综上，平台企业与供应商之间围绕产品设计与生产的协调行为较多。

平台治理中的层级要素可以有效地解决由相互依赖而产生的预期协调成本。原因在于在封闭式平台中，平台企业占据绝对的权力优势，且对供应商存在严格的输入、输出和过程控制，这些层级治理的要素包括计划、规则、程序、正式的角色分配等，使得平台企业与供应商之间的互动制度化或正式化（Van de Ven et al.，1976），进而减少沟通、简化决策、减少未来任务的不确定性并防止争端（Pondy，1977），使得任务更容易协调，而不会陷入市场治理的无休止的讨价还价中，从而有效地节约了协调成本。

然而，相互依赖并不是独立作用于网络交易平台治理结构，无论是哪种治理结构，相互依赖性均与关系专用性投资共同作用。我们从原始路径中发现，指向开放式治理结构的路径中，都包含低互依性和关系专用性投资较低这两个前因要素；而指向封闭式结构的路径中，都包含高互依性以及高关系专用性投资这两个前因要素。因而，相互依赖性和关系专用性投资在决定平台治理结构中起着决定性的作用。

在交易成本理论中，资产的专用性是决定治理结构的决定性因素。在网络交易平台中，关系专用性投资也是开放式和封闭式治理结构的决定性因素。我们在路径中发现，在自营和半自营的平台中，平台企业都在平台创建之初进行关系专用性投资。例如，京东自营自建了物流仓储；天猫超市整合了落地配企业；苏宁自营、国美在线、小红书福利社、当当图书、花点时间等都在全国布置仓储网络；每日优鲜、叮咚买菜建立前置仓；盒马建立店仓；创客云商、小米有品、网易严选参与到上游制造，投入设计团队、资金帮助上游改造，并建立了自己的仓库；这些关系专用性投资保证了用户顺畅快捷的一站式购物体验。

在网络交易平台中，平台企业与供应商之间是互补关系，平台企业提供交易渠道，供应商提供产品和服务，二者共同服务于顾客。戴尔和辛格（2018）认为互补资源之间的依赖性将影响后续的关系专用性投资。当资源的相互依赖性很低时，互补资源只有在没有关系专用性资产或知识共享程序进行后续投资的情况下才可能产生价值。而在互惠依赖的背景下，为获得互补资源而协调活动的复杂性越高，就要求合作伙伴投资于更高层次的专用性关系资产和知识共享惯例。因此，相互依赖性决定了合作企业之间的后续关系专用性投资。

在开放式平台中，平台企业与供应商之间是依赖性较低的集合式依赖，由于是模块化运作，无论是平台企业还是供应商从产品生产、销售、运输到售后，都很少需要进行关系专用性投资，供应商自主选择平台入驻，产品或服务在平台上的运营及物流和售后完全由供应商自主决策，而供应商在物流和售后的选择上，往往选择节约成本的市场化方式，自主选择提供物流服务和售后服务的合作伙伴，完成产品售后的事务。例如淘宝网、拼多多、天猫商城等开放平台上的供应商与淘宝网几乎很少需要交流。但是由于各个主体之间独立运作的市场化关系，产品售后的客户体验往往难以完全保证。

而在封闭式的平台中，平台企业和供应商之间的依赖程度非常高，正如戴尔所言，序列依赖性中由于一个合作伙伴的输出是另一个合作伙伴的输入而需要更高级别的组织协调；互惠依赖需要复杂且重叠的分工，要求每个合作伙伴将特定的活动与其他合作伙伴紧密而定期地联系起来，而需要持续组织协调，因此需要合作伙伴投资关系专用性资产和知识共享惯例来避免协调失败。

在天猫超市入驻规则中有这样一段描述：天猫超市为了实现平台价值最大化，提出并营建了一种新型合作伙伴关系——供应商即销售商（Supplier as a seller），简称"商家"。在这种新型合作伙伴关系中，供应商的角色从商品提供者转换为深度合作型商家，供应商除了要推荐最适合消费者的高质量商品以外，还需要在推荐商品审核通过后，主动自主完成库存管理、商品编辑、商品定价、商品汰换、商品营销等业务作业。之所以采用这样的方式，是因为我们深信"专业的人做专业的事"，商家一定是最了解自己商品特性和目标消费群体购物特性的，采取这种模式可以最大限度地调动供应商的积极性，从而更好地满足消费者需求。在天猫超市平台上，商家、运营团队和仓储配送团队各自专注于自己擅长的领域，通过集中仓储和统一配送，大幅度减小中间环节，将高质量商品直送到消费者手中，共同实现了多方价值最大化。

因此，在这种互依性较高的深度合作关系中，为了实现复杂任务之间的协调，为消费者提供更好的购物体验，天猫超市在全国建立"猫超仓"，整合落地配企业。然而由于关系专用性投资比京东自营少，如转运中心的投资，而使得供应链效率低于京东自营。

在京东自营平台中，平台企业与供应商深度依赖。无论是平台企业还是供应商都进行了专用性的人力资源投入，平台的采销与供应商的运营团队共同负责产品运营。在运营过程中，平台采销与供应商运营团队频繁互动，为了实现任务协调，专用的知识共享程序建设成为必要。同时为了保证用户顺畅快捷的一站式购物体验，2007年京东就开始构建完善的仓储物流体系。京东自营的专用性投资为实现客户满意的购物体验奠定了基础，构成了京东的竞争优势，但同时也存在供应商机会主义行为的风险，因此，为了保证产品品质，京东坚持自营，直到2012年才逐步采取开放策略，构建京东POP。自营时，平台企业依靠权威采取层级治理的方式保证京东的价值主张贯穿始终，进而保证良好的顾客体验。

综上，组织协调理论与交易成本理论共同解释了相互依赖性与关系专用性投资对网络交易平台治理结构选择的影响。平台企业与供应商之间的不同依赖模式，决定了二者之间的协调需求，进而产生了不同的关系专用性投资要求。不同的协调需求以及不同的关系专用性投资决定了网络交易平台治理结构的不同选择。

二、具有平台经济特征的边缘要素分析

(一) 长尾理论分析

前文通过传统的交易成本理论和组织协调理论以及具有现代平台经济特征的互补性理论分析了构型中的核心要素对结果变量的影响机理。然而核心条件虽然与结果有较强的因果关系，但并不会必然引起结果，还需要边缘条件的辅助贡献。表4-11出现了供应商的关系专用性投资、需求不确定性和任务完成复杂性3个边缘条件，其中需求的不确定性作为具有现代平台经济特征的要素出现。

在网络交易平台中，开放式治理结构的平台中产品的品类极为丰富，尤其以淘宝为代表，其常常被人冠以"只有想不到，没有买不到"的美誉。而在封闭式治理结构的平台中，产品的品类却很有限。例如网易严选的产品有7大品类，其中以居家生活类产品为主，如牙刷、毛巾、拖鞋、零食等价值较低的高频消费产品；小红书福利社以国际品牌个护、零食等高频消费产品为主；创客云商以个护产品为主；每日优鲜、叮咚买菜、盒马以日常生鲜类产品为主；京东自营最初是对3C产品完全自营，后来扩张到小家电、大家电，最后才到日用百货、图书等全品类运营，虽然全品类运营，但是侧重点仍然在需求较为稳定的产品。

21世纪初，随着网络交易平台的不断出现，长尾理论成为解释平台经济的基础理论。传统市场与长尾市场差异的关键因素在于货架及其成本。而互联网平台的出现最大限度地优化了虚拟货架，其长度可以无限延伸，而边际成本却趋近于零，因此大量在大众市场中没有价值的产品都能够在长尾市场中实现交换价值。安德森 (Anderson, 2015) 把长尾理论概括为一句话："我们的文化和经济重心正在加速转移，从需求曲线头部的少数大热门 (主流产品和市场) 转向需求曲线尾部的大量利基产品和市场。"热门与冷门、主流与非主流、中心与边缘之间的界限因为互联网的出现正变得越来越模糊。

当产品需求不确定性高时，开放式治理结构具有优势，如时尚产品、季节性产品、冷门产品等。其原因在于大众市场与长尾市场的不同。大众市场是一个过于稀疏的过滤网，只有那些需求规模足够大、需求足够稳定的产品

才有幸留在这个市场中，大量的需求不确定、规模小的产品被淘汰。然而如安德森所描述，"98%法则"无处不在，大众市场只占据所有市场的2%，98%是长尾市场，即单一产品的需求不确定性低、销量极低的市场，如线上音乐中的98%在每个季度至少会被点播一次，亚马逊排名前10万的书中有98%能在每季度至少卖出一本，在线阅读书库中98%的书籍在每个季度至少被点播一次……，而98%法则所蕴含的是无处不在的长尾，而在这98%的市场是需求不确定性高、规模小所产生的利基市场。而开放式治理结构门槛低，各类的产品供应商都可以集聚于此，同时由于虚拟货架零边际成本的无限延伸，长尾市场通过互联网完全激活，因此平台实践中对淘宝网有了"万能的淘宝"的美称。

而对于封闭式治理结构，平台企业要么完全购买供应商产品，使供应商参与产品运营，要么在其掌握绝对权力优势的前提下，使供应商按照其要求进行产品运营。由于平台企业完全或深度介入供应商产品的运营，使得产品运营完全或主要由平台企业决策，供应商进入平台的门槛非常高，且自由度非常低，因此针对占市场需求98%的长尾市场并不具有任何优势。相反，封闭式治理结构针对2%的大众市场具有优势，原因在于大众市场需求稳定、规模巨大、品类集中，平台企业容易深度介入，且保证了消费者良好的购物体验。例如，在京东自营中，产品的品类明显较少，但是产品品质却有更多的保障，因此当消费者对产品品质要求较高时，往往选择京东自营。而主打服装的封闭式结构的唯品会，虽然服装的需求不确定性高，但是唯品会通过主做市场上主流品牌服装的尾仓而保证了市场需求稳定性。综上，当产品需求不确定性低时，封闭式治理结构具有优势。

因此，开放式治理结构有利于激活长尾市场，即使产品需求不确定很高，但是高达98%的产品总能被消费，因为平台上存在各种有个性化需求的规模巨大的消费者；即使消费者需求不确定性很高，也总能在供应商规模巨大的平台上找到其所需。相较于线下渠道，封闭式治理结构也可以激活一部分长尾市场，但是其关注点更侧重于产品品质，相对于需求不确定性很高的产品，需求稳定的产品更容易实现平台企业的全面管控，从而有利于实现平台企业关于较高的产品品质的价值主张。

（二）任务复杂性悖论

琼斯等（1997）通过将任务复杂性引入治理结构的解释中，扩展了交易成本经济学解释。琼斯等认为任务复杂性与时间压力相结合，使得通过一系列顺序交易进行协调是不可行的。伴随时间压力的任务复杂性已经产生了团队协调，其中不同技能的成员同时工作，以生产产品或服务。团队通过相互调整（水平信息流和小组会议）来协调活动，这加速了团队之间的信息共享，减少了完成复杂任务的时间。而网络治理有助于在高度时间压力下整合多个独立的、不同的技术团队来创建复杂的产品或服务。因此，时间压力下的任务复杂性是网络治理（即混合治理）的关键条件。

然而在网络交易平台中，销售任务的复杂性却促进了自营式治理结构的产生。

与琼斯等的研究成果相悖，如生鲜平台上销售任务的完成不仅需要供应商供货，还需要配套的仓储、冷链运输，使得关系专用性投资较大，而这些投资往往由相对供应商而言实力较强的平台企业来投资运营；另外如京东自营，发展初期，其产品以电器类为主，价值较高，因此消费者除了对产品品质的关注外，还尤其关注产品的运输以及售后，因此销售任务的完成难度相对于服装、日用品等大很多，为了提供更好的消费者体验，京东以零售商的身份运营产品，同时自建仓储、物流体系，而供应商一般很难有如此巨额投资的实力。因此，销售任务复杂意味着订单履行成本高，就供应商而言，高成本的订单履行往往难以支撑组织运营，而对于平台企业来说一方面其实力较强，另一方面其更容易获得规模经济效应，因此，往往由平台企业投资。

综上可以发现，在网络交易平台背景下，琼斯等的"任务复杂性促进了混合治理的产生"的论点没有得到支持。原因在于，在网络交易平台中，供应商与平台企业之间的关系往往是弱嵌入关系，因此，平台企业很难对供应商进行较高程度的控制，而对于复杂程度高的任务，往往必须通过加强领导、组织建设、计划管理、激励措施、约束机制、产权保护等综合性举措，才能保证资源交易的效率、效益与质量，因此平台企业可能更愿意选择层级治理方式（李玉倩等，2020）。

三、治理结构选择的解释机制

本书基于表述及应用方便，整合治理结构选择影响因素的构型分析结果，构建了网络交易平台治理结构选择的解释机制图（见图4-2）。

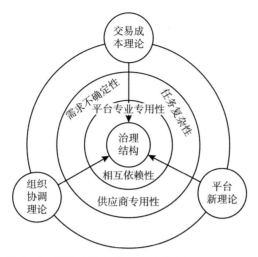

图 4 – 2 网络交易平台治理结构选择的解释机制

注：平台企业专用性代表平台企业的关系专用性投资；供应商专用性代表供应商的关系专用性投资。

最核心的圆代表网络交易平台的各类治理结构，离治理结构最近的圆环代表影响治理结构选择的核心要素，包括关系专用性投资（包括供应商关系专用性投资和平台企业关系专用性投资）和相互依赖性，其在治理结构选择中发挥重要的作用；再向外围的圆环代表治理结构选择的边缘要素，包括需求不确定性、任务复杂性和供应商专用性，它们与核心要素形成不同的路径，共同影响治理结构的选择。最外圈的 3 个小圆代表治理结构选择要素的解释机制，其中，核心要素可以利用交易成本理论和组织协调理论进行解释，而边缘要素需要用平台新理论进行解释，如长尾理论。

第五节 小结

随着平台经济的发展，很多行业中都出现了平台型企业，行业中的在位企业也纷纷进行平台化转型，然而有的企业选择开放式治理结构，如集贸式和商场式，有的选择封闭式治理结构，包括半自营式和全自营式。因此，在同一行业中，出现了自营和平台共存的状态，如购物、旅游、出行、生鲜等各行各业。那么，是哪些因素促进了平台企业不同的治理结构选择？本书经过对 37 个平台的治理结构及其影响因素的构型分析发现：第一，平台企业的关系专用性投资以及平台企业与供应商之间的相互依赖性是决定网络交易平台治理结构选择的核心要素，因此交易成本理论与组织协调理论依然是解释网络交易平台治理结构选择的核心视角。第二，核心变量并无法必然导致平台企业治理结构的某种选择，需求不确定性、任务复杂性以及供应商的关系专用性投资在选择中也提供了辅助贡献。其中需求的不确定性可以利用长尾理论进行解释，在开放性的治理结构中，长尾市场能够更充分地被激活；而与任务复杂性导致网络治理产生的论断相反，销售任务完成的复杂性反而促进了平台企业的自营。

因此，交易成本理论和组织协调理论对网络交易平台背景下的治理结构选择依然具有主要的解释力，但是网络交易平台背景下治理结构的选择也体现了新平台经济的特征，因此需要平台理论中的基础理论——长尾理论进行辅助解释。

第 五 章

网络交易平台治理结构与核心选择要素的动态匹配

在上一章的分析中，鉴于实证分析所搜集到样本数量的有限性，将4种治理结构合并为开放性和封闭性2种进行考量。同时该分析是静态分析，并没有考虑治理结构选择如何随着时间的推移而变化。其虽然在一定程度上可以进行现阶段状态下网络交易平台治理结构的选择分析，但是由于结果变量的合并处理且缺少对时间因素的考虑而限制了结果的解释力。

纵观各大平台的发展历程，无论是阿里系平台还是京东系平台，抑或其他平台，其治理结构都并非恒定不变，而是在不断的变化中发展至今。因此，相较于各个网络交易平台当前状态下治理结构选择的影响因素，我们更需要了解一个网络交易平台在其发展过程中是什么推动了又为什么会推动其治理结构发生变化，而有的网络交易平台在治理结构变化后走向了繁荣，有的却逐步衰亡，隐藏于其背后的本质原因是什么？

第一节 治理结构及其核心选择要素的匹配逻辑

上一章分析结果显示，无论是开放式治理结构还是封闭式治理结构，平台企业的关系专用性投资以及平台企业与供应商之间的相互依赖性都是决定网络交易平台治理结构选择的核心要素，鉴于核心要素与结果有较强的因果关系，本节将以核心选择要素为起点，对治理结构及其核心选择要素的匹配逻辑进行理论推演。

本书沿用交易成本的理论范式及比较制度分析的逻辑范式，强调组织协作成本的节约，即治理结构的选择及其相互替代取决于协作成本的节约。同时参考古拉蒂等学者的研究成果扩展威廉姆森治理结构比较制度分析的视角，即从合作视角扩展到协作视角，认为互补资源所有企业间的任务依赖性是合作关系价值创造的起点，不同的相互依赖模式在协作问题上产生了不同的需求，而不同的治理结构则提供了不同程度的协作能力。当协作需求和供给相匹配时，平台上的协作成本最低，绩效更高。结果自然是通过交易的协作需求与治理结构的协作能力供给的匹配所带来的成本节约推动了组织的发展和演化，从而实现了组织的高绩效。

以上治理结构与核心选择要素的匹配逻辑如图 5 - 1 所示。

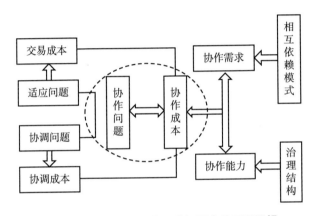

图 5 - 1　治理结构与核心选择要素的匹配逻辑

一、相互依赖、协调与关系专用性投资

威廉姆森（1991）认为资产专用性造成了双边依赖，并引起了更多的契约风险。当资产专用性为零时，经济学上的理想交易（即买卖双方的身份毫不相关的交易）就会成立，单个买者与卖者之间不存在相互依赖关系；但是随着交易专用性资产投资的增加，身份就会变得重要，因为提前终止履行或持续地适应不良将给一方或双方造成负担，双边依赖到了不可忽视的程度，而这种依赖造成了锁定，代表了机会主义行为的沃土，必须相应地设计用于引导这种依赖性的治理结构（Ménard，2004）。

而戴尔和辛格（2008）认为为了寻求互补资源而产生了合作，而互补资源的性质将影响后续对关系专用性资产的投资。当合作伙伴试图从互补资源中产生租金时，它们首先必须考虑相互依赖的性质，这是因为从互补资源中创造价值的一个关键因素是企业之间的协调成本，而它由资源相互依赖的性质驱动。当互补资源的相互依赖性很低时，只有在没有对关系专用性资产和知识共享程序进行后续投资的情况下才可能产生价值。而互补资源之间的高度依赖性将由于协调需要而使得对关系专用性资产和知识共享程序进行投资成为必然。因此，合作伙伴之间的互补资源依赖性将影响关系专用性投资。

因此，相互依赖和关系专用性投资之间存在着相互促进的关系。在高度相互依赖度的背景下，组织为获得互补资源而协调活动的复杂性越高，就要求合作伙伴投资于越多的专用性资产，从而提供了更多创造价值的机会，同时其也会成为机会主义行为的沃土。这又会进一步增加合作企业之间的依赖性。如丰田及其座椅专属供应商相互依赖，丰田 Boshuku 决定在丰田工厂旁边建厂。在进行了这项专用性投资后，它又创建了新的知识共享流程来协调从工厂到丰田工厂的交易（座椅的制造和运输）。这些频繁的面对面交流有助于两家公司找到更多的进行关系专用性投资的机会。例如，它们开发了传送带运输座椅，实现了比卡车运输更高的效率。每一项新的专用性资产投资都为创造附加价值创造了机会，使得丰田与丰田 Boshuku 相互锁定，从而进一步增强了企业间的相互依赖性。

本书接受戴尔和辛格的观点，将企业间互补资源的依赖性作为合作关系价值创造的起点。如戴尔和辛格所言，在其与企业家或高管的讨论中，经常听到这样的观点："我们所有联盟的起点都是寻找其他具有互补技能的公司。"然而并不是所有互补合作都需要进行关系专用性投资，当迪士尼与麦当劳合作，将迪士尼玩偶放在"快乐大餐"中时，它们无须进行任何关系专用性投资即可创造额外的价值。这是因为迪士尼和麦当劳的产品是通用性互补的，麦当劳也可以与其他游乐场合作共同宣传品牌。而对于高度相互依赖高的互补资源则不然，如丰田与其座椅供应商之间的高度依赖，导致协调的复杂性增加，从而产生了关系专用性投资的需求。

二、交易成本与协调成本

古拉蒂从合作和协调两个视角来分析组织间协作。合作的视角关注合作伙伴的机会主义行为，合作伙伴往往选择合适的治理结构来防范专属问题（appropriation concerns）的发生，按照威廉姆森的逻辑，最优的治理结构能够最大限度地节约事前和事后交易成本。通过不同治理结构交易成本的比较能够找出交易成本最小的治理选择。因此，交易成本经济学是在对治理结构治理绩效分析的基础上进行的比较制度分析。正如波普和曾格（Poppo & Zenger，2002）所指出的那样，管理者通过将属性不同的交易与绩效不同的治理结构相匹配来寻求绩效最大化。古拉蒂认为组织间进行合作，即使它们彼此完全信任，并且没有任何专属问题，但它们仍然必须协调劳动分工以及活动和产品之间的界面，这就产生了协调问题，即有意、有序地协调或调整合作伙伴的行动，以实现共同确定的目标，因此导致了协调成本。古拉蒂认为组织间相互依赖度越高，组织间的协调成本将越高，而不同的治理结构提供对伙伴关系中活动的不同程度的控制和协调。因此，企业将寻求合适的治理结构，以提供必要的持续监督和协调，并使得协调成本最低。古拉蒂发现利用协调成本和占有问题的程度可以预测治理结构的选择，他在威廉姆森考虑合作问题的基础上，同时考虑了协调问题，可以说古拉蒂是在对治理结构的协调绩效分析的基础上进行成本比较，从而选择最优治理结构。

然而很多研究表明，合作与协调并非相互独立的，而是相互依赖并相互影响的（McEvily et al.，2003；Kretschmer & Puranam，2008）。因为，在缺乏关于合作伙伴投入和预期产出的持续协议和可靠承诺的情况下，合伙人将无法有效地协调，而在没有至少一项基本的协调协议的情况下，合伙人也无法将承诺投入生产使用（Gulati et al.，2012）。在满足了"最低限度"条件之后，合作与协调一方面会实现相互促进，如成功的合作促进了关系的延续，从而有机会随着时间的推移使商定的流程标准化和正式化，从而形成更为复杂的协调机制（Poppo & Zenger，2002）；协调也可以促进更广泛的合作，如正式化的冲突解决程序、决策流程等协调机制可以增强互动的可预测性（Luo，2005），随着时间的推移，这些规则和程序鼓励合作伙伴扩大合作范围，即增加它们以前可能认为过于敏感或具有风险的活动和领域。另一方面会形成内在互补性，即某一特定的合作条款提高了某一特定协调机制的效力，反之则相反。如波普和曾格（2002）研究表明，关系治理（合作条款）的好处被管理实施关系的合同条款（协调机制）放大了。

总之，防范机会主义行为的合作达成了降低交易成本的结果，防止协调失败的协调机制实现了降低协调成本的结果，而合作与协调过程是相互交织的，防止协调失败的行为往往也能防止机会主义行为。因此，无法将交易成本与协调成本清晰区分，本书参照古拉蒂的观点，将合作与协调看成协作的两个方面，从而将交易成本与协调成本合二为一称为"协作成本"。

三、适应问题与协调问题

（一）适应问题

适应被哈耶克和巴纳德看成是经济组织的核心问题，哈耶克（1945）把适应能力归功于市场，认为价格系统是沟通信息和诱导变化的极有效的机制，价格上的变化反映了一种商品供需的变化，与价格变化相呼应，"个体参与者能够采用正确的行动"；而巴纳德（1938）所关注的却是内部组织的适应能力，他认为尽管价格体系下的自发适应很重要，但是"人们之间那种有意识的、深思熟虑的和有目的的合作"也很重要，而这种合作是通过正式的组织尤其是层级制的威权关系实现的。

威廉姆森把哈耶克提到的适应称为自发适应，认为这是一种新古典的理想情况，其中消费者和生产者独立对价格参数的变化做出反应，从而分别使自己的效应和利润最大化。威廉姆森认为如果所有的扰动都具有这种性质，那么有这种适应就足够了。但是，有些扰动要求做出协调的反应，以免个体参与者不是在相互矛盾的层面就是在欠佳的层面上行事。一般而言，相互存在长期双边依赖关系的各方，在契约执行过程中由于契约的不完备而需要弥补缺陷、改正错误、进行有效的重新安排，虽然这些都符合各方的共同利益，但是由此会产生收益的重新分配，从而出现交易各方出于自利考虑的讨价还价，增加交易成本。此时产生了对具有合作性质的适应的需求，即巴纳德所提到的适应，威廉姆森将其称为合作适应。

对扰动的适应是采取自发的、合作的还是二者的混合，取决于资产的专用性程度，而每一种治理结构在自发适应和合作适应方式上存在着系统的差异。威廉姆森认为治理结构的选择应该出于这样一种认知，即交易的适应性要求随交易的特征（即资产的专用性程度）而变化，而可供选择的治理结构所供给的适应能力也各不相同。结果自然是通过交易的适应性需求与治理结构的适应能力供给的匹配所带来的成本的节约来达到效率和收益的实现。威廉姆森认为对于具有双边依赖性质的交易而言，威权关系比自发关系更具有适应优势。

因此，交易成本经济学的理论范式是强调组织交易成本的节约，即各种组织治理结构的选择及其相互间的替代取决于交易成本的节约。因而，它采取比较制度的分析方法，分析范式如下：交易的性质主要取决于资产专用性程度，而它产生了不同的适应需求，不同的治理结构提供了不同的适应能力，当交易的适应需求与治理结构的适应能力相匹配时，适应效果达到了最佳，交易成本实现了最低。

（二）协调问题

协调在社会科学中被广泛理解为行动的联系、啮合、同步或一致（Aiken，1975；Okhuysen & Bechky，2009）。在组织间的背景下，古拉蒂将协调定义为有意、有序地协调或调整合作伙伴的行动，以实现共同的目标。古拉蒂认为协调是一种以效率和效益为特征的结果，效率代表设计和运行协调机制的相对成本，效益代表协调机制实际产生预期的行动一致或协调的程度。协调通常涉及在关系中信息共享、决策和反馈机制的规范和操作，以统一和有序合作伙伴的努力，并以生产方式结合合作伙伴的资源。古拉蒂认为组织间进行合作，即使它们彼此完全信任，并且没有任何占有问题，它们仍然必须协调劳动分工以及活动和产品之间的界面，这就产生了协调问题。之前一系列研究表明，有效协调企业间活动的能力是企业绩效的重要驱动力（Zollo et al.，2002；Gulati et al.，2005）。

相互依赖性产生了协调问题，组织间相互依赖程度越高，合作中的协调成本则越高（Gulati et al.，2012；Aggarwal et al.，2011）。阿加瓦尔等（2011）使用了威廉姆森相同的分析范式，利用 NK 建模验证了不同的相互依赖模式在协调上产生了不同的需求，而不同的治理结构则提供了不同程度的协调能力。当协调需求和供给相匹配时，合作中的企业绩效会提高。

正如前文所述，合作与协调相互依赖、相互影响，而合作视角的中心问题适应问题与协调视角的协调问题也是相互依赖、相互影响的。

适应性可以解释为合作伙伴之间的高质量合作的结果，它使得灵活调整现有的协调机制更加容易。合作伙伴将不太容易怀疑隐藏的议程和这种调整带来的不利后果。因此，即使面对意外扰动，任务的成功协调也不会那么费力和昂贵。相比之下，低合作性代表适应性低，因为合作伙伴坚持无效、过时的机制，可能会使精心制定的协调条款变成一种责任（Gulati et al.，

2012）。

鉴于二者的相互交织，很难分开讨论，本书参照古拉蒂的观点，将适应问题和协调问题统一为"协作问题"。

第二节　治理结构与核心选择要素的动态匹配模型

我们基于上述组织治理结构与核心选择要素的匹配逻辑构建网络交易平台治理结构与其核心选择要素的动态匹配模型。

一、基础匹配：相互依赖与治理结构

（一）组织间不同的依赖模式产生不同的协作要求

任务之间的相互依赖度越高，协调的复杂性则越高，为了实现协同作业，一方面需要进行关系专用资产投资，另一方面需要行动过程中信息的及时传递和处理，从而导致了更高的组织间的双边依赖，产生了对具有协调性质的适应的需求。如生鲜平台中，产品供应、产品销售、产品物流之间的任务依赖程度非常高，由于产品的高时效性、零散性、小批量，使得产品很难全区域供应，销售要根据物流成本划定供应区域，物流要根据销售收入划定运输范围，而顾客体验以及顾客黏性取决于收到产品的质量、及时性以及价格。为了实现更好的任务间协同，生鲜平台都进行了专用性投资，有的向前自建前置仓或门店，有的向后自建冷链物流体系。

任务间的相互依赖度低，意味着协调需求低，参与者通过建立例行程序或者规则可以限制每个组成部分的行动，使其与相互依赖的其他部分在行动上保持一致，因此也不需要进行关系专用性投资。如淘宝网上产品的供应、销售和物流之间的任务依赖度很低。淘宝网产品丰富，其中容易实现长途运输的产品占多数，如服装、日用、零食、数码等，这些产品供应商市场竞争激烈，产品种类丰富，而产品的运输难度很低，对时效性的要求也不高，因此无论是供应还是物流，市场化程度都较高，平台卖家完全可以根据市场的价格体系进行自发适应。

（二）不同的治理结构提供不同的协作能力

在市场治理一端，交易者都是独立的个体，面对市场的扰动，其完全按照价格变化做出反应，从而使自己的效应和利润达到最大化。但是，正是因为独立的个体完全以自利为出发点，当涉及利益冲突时，将会出现无休止的讨价还价，从而导致协调困难，使交易成本上升。在层级治理一端，权威在其中发挥了重要作用，即使在部门间存在冲突的情况下，由于等级链的限制，也能够实现较好的协调，西蒙曾提到组织由于专业分工而产生的协调需求通过层级结构的设计来满足，与非层级系统相比，类似于层级的复杂系统倾向于更快地进化，并趋向于一种稳定的、自复制的形式。因此，权威的存在使得治理结构的协调能力提升。而混合制形态各异，有的靠近层级治理一端，权威在合作中发挥重要作用，如合资企业；有的靠近市场一端，合作者各自独立处理自身事务，发生利益冲突时协调困难，如企业集群。

集贸式和商城式靠近市场治理一端，但较市场治理相比管控措施更多，其中集贸式的管控更为严苛。两种治理结构与市场治理类似，更多地依靠价格体系实现平台企业、供应商以及消费者之间的自发适应；与市场治理不同的是，平台企业同时依靠权威制定了平台规则，协调平台、供应商和消费者之间的关系，对供应商实施模块化治理，模块内部紧密耦合，模块之间的相互独立。从适应性看，这两种治理结构以自发适应为主，以协调适应为辅；从协调性看，其依靠规则进行模块化协调。因此，平台企业的权力优势使得这两种治理结构的协作能力较市场治理的协作能力高一些，但比层级治理的协作能力低很多。

自营模式中分为半自营和全自营。半自营以京东自营为代表，京东采销与供应商共同组建了运营团队负责产品运营，其中京东采销有绝对的权力优势，同时供应商在产品运营中发挥重要作用。而全自营以大昌出行、网易严选、每日优鲜等为代表，几乎完全是层级治理。这两种治理结构靠近层级治理一端，平台企业在与供应商的合作关系中依靠权威进行协调适应，而在与供应商的合同治理中也因为有绝对的权力优势而更具话语权，其制定规则流程实现平台与供应商的协调。因此，这两种治理结构的协作能力接近于层级治理的协作能力。

综上，平台企业与供应商作为一种合作关系，本书认为它们之间不同的依赖模式产生了不同的协作需求，而不同的网络交易平台治理结构提供不同的协作能力，二者的不同组合会产生网络交易平台的绩效差异，而当且仅当网络交易平台的协作需求和协作能力供给相匹配时，其绩效才能达到最佳。图5-2展示了网络交易平台治理结构与相互依赖模式的基础匹配模型。

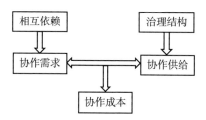

图5-2　网络交易平台治理结构与相互依赖模式的基础匹配模型

据此，提出如下命题。

命题5.1：在网络交易平台中，平台企业与供应商不同的依赖模式与不同的治理结构相匹配将导致网络交易平台的绩效差异，对高绩效的不断追逐推动平台企业在平台发展过程中调整治理结构，实现着网络交易平台的演化。

二、动态匹配：相互依赖、组织探索与治理结构

一般而言，平台是一个由许多子系统或模块所构成复杂系统，这些子系统和模块之间会产生不可预测的交互作用，因此子系统或模块之间的相互作用和相互依赖难以描述和管理（De Weck et al.，2011）。复杂适应系统理论把系统的成员看成是具有适应性的主体，它们能够与环境及其他主体进行持续不断的相互作用，在这种相互作用过程中不断地学习或积累经验，并根据所学到的经验改变自身的结构和行为方式，整个系统的演化（包括新层次的产生、分化和多样性的出现、新的和更大的主体出现）都是在整个基础上派生出来的。因此，复杂适应系统理论认为系统成员主动地与环境反复地相互作用是系统发展和演化的基本动因，具体表现为通过要素的变异使得系统的总体适应性不断提高（Holland，1992）。

在组织领域中，组织探索是主体与环境和其他主体相互作用的方式。探索是企业行为理论的核心要素（Cyert & March，1963），探索过程对组织适应能力至关重要（Nelson，1985；March，1991；Levinthal，1997）。正如马

奇（March，1991）所言，探索是一个由"探索、变化、承担风险、试验、尝试、应变、发现、创新"等术语来描述的行为。

无论是平台企业还是供应商都在网络交易平台的发展过程中出于对环境的适应进行着不断的探索。如为了满足消费者不断提升的良好购物体验的需求，京东的产品品类从最初的 3C 类产品，到小家电，再到大家电，再到日用百货、再图书，从最初的单一品类逐步探索，最终实现全品类经营；从最初依靠外部物流资源，导致消费者体验不足，到自建物流体系，这是京东的竞争优势之一。

组织探索表现为其决策选择的变异，可以通过不同策略实施。首先探索行为可以有从局部到更广泛的不同程度的探索。组织可以通过改变系统中的一个元素的状态而进行局部探索，以适应变化，实现渐进式探索；或通过同时改变多个系统元素，从而实现组织剧烈的变革。此外，探索行为也可以通过改变系统构成元素之间的依赖关系而进行结构创新。但是元素之间关系的改变往往使得元素的原始状态成为次优状态，因而需要同时进行元素状态的探索，因此这种探索行为往往是激进式的探索行为。

然而，探索策略并非随意选择，而往往取决于任务间的相互依赖模式，集合依赖意味着行动者之间的独立性较强，从而使它们可以在探索中受到较少的约束，而使广泛的独立探索成为可能；然而随着任务间相互依赖程度的增加，行动者在探索时需要考虑与其他任务的相互牵制，从而使得广泛探索困难。因此，不同的相互依赖模式提供了不同的探索能力，探索策略的选择将首先考虑探索能力所及。

同时，探索并非越广泛越能提高组织绩效。组织实施探索策略时，需要以组织的协作能力为基础。组织探索往往意味着组织向新领域攀爬，而因为组织间任务要素的相互影响，一个或多个任务要素状态的改变必然会影响到与之相关的任务要素的绩效，从而影响到任务主体的收益，继而产生收益冲突。冲突能否妥善处理，关系到组织能否继续探索，而高质量的合作关系以及威权关系的存在是处理冲突的有效手段。同时，信息共享、决策和反馈机制的规范和操作等协调能力有利于使合作伙伴的努力统一且有序，以形成组织广泛探索的基础。因此探索越广泛，对组织的协作能力要求越高。

在网络交易平台中，集贸式和商城式治理结构中，由于平台企业与供应商之间的集合依赖，二者独立性较强，而使得它们在探索中受约束较少，而使广泛深入的独立探索成为可能，尤其是供应商更是完全从自身利益出发进行探索。然而这种松散耦合的关系导致的较低的协作能力约束着双方的探索。如淘宝网著名的"十月围城"事件,就是因为平台企业的探索行为损害了中小供应商的利益而导致的利益冲突事件。在半自营和全自营治理结构中,平台企业和供应商任务之间由于相互依赖程度高,使其探索困难,然而权威下的协作能力却成为探索成功的基础。京东从品类扩张探索到自建物流的探索,皆遭遇各种困难,但是掌门人刘强东在战略决策上是绝对的"独裁者",任务的相互依赖虽然阻碍了京东的探索能力,但权威集中下的协作能力又支持了京东的探索,使得京东在逐步探索中不断前进。

综上,本书认为,根据平台企业与供应商任务间不同的相互依赖模式,网络交易平台可以选择不同的探索策略实现网络交易平台的演化,而探索需要平台协作能力的支持,网络交易平台不同的治理结构提供了不同的协作能力。因此,只有当相互依赖模式及其探索所需的协作能力与治理结构所提供的协作能力相匹配时,才能实现网络交易平台的最优绩效,因此提出如下命题。

命题5.2:在网络交易平台中,不同依赖模式下的探索策略与治理结构的组合,产生了网络交易平台的绩效差异,对高绩效的不断追逐推动平台企业伴随着网络交易平台的探索调整治理结构,实现了网络交易平台的演化。

图5-3所示的概念框架总结了命题5.1与命题5.2:平台企业与供应商任务间的相互依赖模式决定了网络交易平台所需的协作能力以及平台的探索能力,平台企业和供应商的探索行为加强了协作能力的需求,而网络交易平台的治理结构决定了协作能力的供给水平,当且仅当协作需求与协作供给相等时,网络交易平台的协作成本最低,网络交易平台才能实现最高绩效。网络交易平台就是在实现协作需求与协作供给均衡的目标时进行不断的演化。

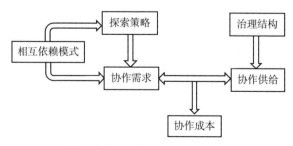

图5-3 网络交易平台治理结构与相互依赖模式的动态匹配模型

第三节 仿真模型

一、任务网络与 NK 模型

波特（Porter，1996）最先将企业看作是相互依存活动的系统，最终形成一个活动网络，这些活动通过它们之间的相互作用而相互联系。而任务必须由代理来执行，但是由于身体和认知的限制，没有一个代理能单独执行所有的任务（March & Simon，1958），因此在一个任务网络中，存在着将物质、能量和信息从一个代理到另一个代理的转移。鲍德温（2008）将任务、代理和转移组成的活动网络看作一个整体，称其为任务网络，其中任务和代理是节点，而物质、信息和能量的转移是网络中的线。将企业表示为一个任务网络，允许我们对依赖和交互模式建模，包括材料和信息的并行流、反向流以及迭代的和不确定的流等经常在实际的生产过程中交互。

本书参考波特和鲍德温的思想，将网络交易平台概念化为相互依赖的任务网络。在整个任务网络中，平台企业和供应商作为不同的代理承担网络交易平台运作过程中的不同任务，如平台企业承担平台架构设计、品类选择、规则制定、营销活动设计等任务，而供应商承担产品生产、销售、售后服务等任务，平台企业与供应商通过不同的任务选择，共同为消费者的良好体验而努力。而这些任务之间可能会相互影响或不影响，如平台企业的营销活动设计影响了供应商产品的销售，供应商的产品销售影响了平台企业的规则制定等。

NK 模型由卡弗曼提出，最早用来描述生态有机体的演化。卡弗曼将生物有机体看作一种由基因组成的复杂系统，结合怀特提出的适应度景观（fitness landscape）的概念来研究生物有机体的演化（吴建祖、廖颖，2010）。由于具有正式化的结构，因此也广泛应用于人工的复杂系统中。目前 NK 模型一般用于研究系统内部要素间的相互作用关系对系统的整体适应性的影响的这类问题中。

NK 模型把复杂系统描述成由 N 个元素构成的系统，其中每个元素 i（$n = 1$，2，$\cdots$，N）都有许多等位基因，可以用整数"0""1""2""3"

等进行标记,它们的变化可以使元素的性质发生变化。NK 模型中的另一个重要的参数是 K,它表示了元素之间相互作用关系的多少。元素间的相互作用是指一个要素发生变异,不仅会引起由它决定的系统适应度值发生变化,还会引起与它相关的其他 K 个要素决定的系统适应度值发生变化。

不同的 N 和 K 值会产生崎岖度不一的适应度景观。反映适应度景观崎岖性的一个关键概念是山峰,是指在给定搜寻方式下不能再提高其绩效总值的那组数字集合。山峰的数量可以直接反映适应度景观的崎岖度,即 N 和 K 参数条件下的系统复杂性。系统的演化就可以看成是不断向代表局部最优点或全局最优点的山峰攀爬的过程。

二、相互依赖模型

本书建立了网络交易平台中平台企业与供应商的任务相互作用模型。在网络交易平台中,某一个供应商的力量非常弱小,对平台企业的影响也非常小,而平台企业往往将供应商看成是同质的个体,通过相同的规则进行治理。因此,本书可以将平台视为相互作用的两个群落,其中一个是平台企业,记为 L(leader),另一个是供应商群落,记为 S(supplier)。平台企业和供应商群落都是相互依赖的任务元素的集合。平台企业中的任务集中包括诸如架构设计、品类选择、物流支撑、平台收费、营销活动等方面的任务。在位供应商的任务集中包括诸如平台选择、品类选择、产品定价、营销、物流、售后等方面的任务。如图 5 - 4 所示,本书假定平台企业和供应商各有 3 个任务元素,并将其分为两组,前两个任务为一组,是企业控制下的与企业自身相关的任务元素,后一个任务一组,是与平台相关的任务元素,因此,对于平台企业而言,有任务集 $L - \{d_1, d_2, d_3\}$, $d_i = \begin{cases} 0 \\ 1 \end{cases}$ 例如对于平台架构设计任务而言,0 表示封闭式界面设计,1 表示开放式界面设计,其中 d_1、d_2 仅与平台企业自身发展相关的任务,而 d_3 是平台企业控制与平台发展相关的任务;对于供应商群落而言,有任务集 $S = (d_4, d_5, d_6)$, $d_i = \begin{cases} 0 \\ 1 \end{cases}$,其中 d_4、d_5 是仅与供应商自身发展相关的任务,而 d_6 则表示与供应商在平台上运营相关的任务元素,用 n_1 和 n_2 表示集合 L 和 S 中的任务元素的个数，因此，在网络交易平台系统中，任务元素的总数。图5-4是平台企业与供应商任务元素交互矩阵举例。图中 X 表示第 j 个任务选择影响第 i 行的任务选择。使用该矩阵，可以准确地指定任务选择之间的依赖关系。因为平台企业内部以及供应商内部的任务之间往往依赖性较强，且本书关注的是平台企业与供应商之间的任务依赖度，所以假定平台企业与供应商内部任务之间都是紧密耦合的依赖关系，图5-4中形成了紧密耦合的平台企业任务模块与供应商任务模块。

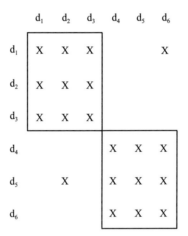

图5-4 网络交易平台任务元素交互影响矩阵

在界定网络交易平台任务元素矩阵的基础上，本书采用汤普森（2007）的"集合、顺序和互惠依赖"的思想来指定平台企业任务模块和供应商任务模块之间的相互依赖关系，如图5-5所示。图5-5（a）表示集合依赖，任务之间的关系仅仅体现在所有元素都为同一个目标服务，表示平台企业和供应商之间的任务依赖性很小，它们更多的是共同为消费者提供良好的购物体验；图5-5（b）是顺序依赖，表明某些任务必须在其他任务之后进行，在网络交易平台中表明平台企业的某些任务对供应商的某些任务的影响，如平台企业先设置各类营销活动，供应商才能申请参与；图5-5（c）的互惠依赖是任务元素互为输入输出的情形，在网络交易平台中表明平台企业与供应商任务之间的相互影响。

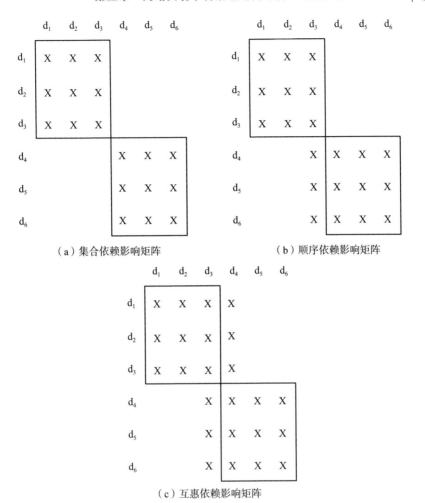

（a）集合依赖影响矩阵　　　　（b）顺序依赖影响矩阵

（c）互惠依赖影响矩阵

图 5-5　平台企业任务和供应商任务相互影响矩阵

三、网络交易平台绩效测量：适应度景观的视角

NK 模型中绩效评价可以用适应度 W 衡量，根据本书研究问题的实际需要，适应度可是网络交易平台所创造的价值、利润，或者是流量等其他有意义的经济和管理指标。

在网络交易平台中，每个任务元素 d_i 都会对所在模块以及整个平台产生明确的绩效贡献，记为 ω_i，ω_i 由第 i 个任务元素的状态（0 或 1）和它所依赖的 j 个其他任务元素的状态确定。因此有，$\omega_i = \omega_i(d_{i1}, d_{i2}, \cdots, d_{ij})$。

由于网络交易平台复杂性特征，任务元素之间的相互作用关系具有非线性和随机性，且相互作用产生的结果事先难以预知，因此无法找出各个任务元素对网络交易平台系统适应度影响的确切函数关系。根据 NK 模型的基本思想和原理，本书通过"复杂系统的统计力学"构造 ω_i，将 ω_i 的值视为一个独立同分布的随机变量，根据 d_i 及其依赖的 j 个其他变量的组合，从均匀分布 U[0, 1] 中随机提取。网络交易平台系统适应度 W 是 N 个任务元素的贡献值 ω_i 的简单平均值：

即
$$W = \frac{1}{6}\left[\omega_1 + \omega_2 + \cdots + \omega_6\right]$$

根据网络交易平台所有可能的系统适应度值 W，可以构造 NK 模型的适应度景观。K 越大，适应度景观越崎岖和多峰。

四、不同治理结构下的任务选择

本书讨论网络交易平台的 4 种治理结构，不同的治理结构由于其治理维度上的选择不同而产生了不同的任务选择过程。（1）所有权自治，表明平台或供应商对其资产的决定权决定了平台上事务的决策主体及决策顺序；（2）管理控制是管理者使用正式的以信息为基础的惯例或程序来维持或改变组织活动的模式，在网络交易平台中以正式的管理控制为主；（3）激励机制决定了平台及供应商的收益模式，对平台参与者任务选择进行了评估。4 种治理结构的不同点如表 5-1 所示。

表 5-1 不同治理结构的特点

治理结构	决策主体	管控方式	激励方式
集贸式	各自独立决策	标准化规则管控	平台企业提供增值服务 供应商获取全部剩余索取权
商城式	各自独立决策	标准化规则管控 人工协调	平台企业提供增值服务，并按一定费率实时收取服务费 供应商获取全部剩余索取权
半自营式	平台企业为主	人工协调 标准化规则	平台企业收取扣点 供应商出具平台押金和扣点
自营式	平台企业	人工协调	平台企业利润最大化

在集贸式治理结构中，平台企业与供应商各自独立决策，平台企业向供

应商提供各种增值服务，供应商独立决定产品经营方式，同时平台企业通过出台标准化的规则对供应商群体进行治理，因此供应商在进行任务选择时一般只考虑自身利益最大化，而平台企业考虑平台整体利益最大化。由于平台企业具有平台所有权，因此其在网络交易平台中有权力优势。但平台企业与供应商各自独立决策，平台企业并不会干涉供应商的产品运营，而仅是依靠权威制定并修改规则实现网络交易平台中的协作。

在商城式治理结构中，平台企业和供应商也是各自独立进行内部决策，但是为了保证平台的顾客体验和平台的整体利益，平台企业会利用自己的权力优势对供应商进行较为严格的管控。平台企业除了向供应商提供各种增值服务，还按照销售额的一定百分比向供应商收取佣金，因此平台企业的任务选择会受到供应商利润的影响，因此，平台企业也会对供应商进行输出管控。除了规则更加严苛外，平台的采销人员也会少量介入产品运营，如平台活动审批。

在半自营式结构中，任务选择以平台企业决策为主，供应商虽然在平台上进行产品或服务的运营，但是无论是营销活动的参与还是产品价格的修改等决策权仍在平台企业方，因此需要供应商向平台采销申请，任务才能最终得以实施。平台企业按最终销售额的百分比向供应商收取扣点，比率高于商城式结构中的扣点比率。因此供应商的收益同时受到自身任务选择和平台企业任务选择的影响，而平台企业根据供应商销售额的一定百分比获取收益。因此，平台企业的采销人员会依靠权力实施网络交易平台的协作。

在全自营式结构中，任务选择全部由平台企业决定，因此是一体化运作模式，平台企业考虑平台整体利益，供应商没有任务选择权，因此平台企业完全依靠权力实施协作。

综上，在网络交易平台中，由于平台企业依靠权威的程度不同而产生了不同的协作能力，而协作能力越强就越能解决组织的复杂性问题，从而产生更高的协调收益。其中全自营式平台协作能力最强，其次是半自营式，再是商城式，最后是集贸式。因此，选择不同的治理结构代表不同的协作能力，会产生不同的协作收益，使得网络交易平台所有可能的系统适应度值 W 发生了改变，$W' = (1 + \alpha_i) W$，其中 $i = 1, 2, 3, 4$，代表不同治理结构所带来的网络交易平台的绩效增量。

五、组织探索策略

在适应度景观中存在这样的系统，其位置可以称为"山峰"，所有相邻系统的适应度值都比这个系统的适应度值低。组织探索的目标是找到并占据这一领域的一个重要位置，从而追求更好的组织绩效。在演化过程中，组织会试图采取各种探索策略，不断搜寻适应度景观中的"山峰"，因此组织探索是一个在适应度景观上进行"攀爬"的过程（吴建祖、廖颖，2010；Rivkin & Siggelkow，2003）。

第一，为了占据"山峰"，组织可以通过元素变异进行局部搜寻和长跳搜寻的探索策略。一次只改变一个系统要素，通过不断试错来考察适应度值是否增加，如果增加，则移动到新的山峰，如果减少或不变，则停留在原来的点上，这是局部搜寻的方式。此外，组织还可以一次改变多个系统要素（不只是相邻要素），然后考察适应度值是否增加。

本书参照西格尔科夫（Siggelkow）的观点，用搜寻半径（serch radius）来衡量组织的探索行为，记为 SR。（1）局部搜寻是通过单个元素变异的寻优方式的局部试错法，即决策者每次只能改变一个任务选择，因此 SR = 1，如将 3 个任务元素的任务组合（001）变异为（101）的试错方法；（2）长跳搜寻是通过多个元素的同时变异的寻优方式的全局试错法，因此，SR = [2，N]，如（001）变异为（111）的两个元素同时变异的试错法。

第二，组织也可以通过改变元素之间的相互作用关系而进行探索。在模型中表现为 K 值的增加或减少。元素变异是在不改变景观的前提下，搜寻山峰的攀爬过程，而 K 值的改变会造成适应度景观山峰的数量个数和高度的改变，当 K = 1 时，适应度景观中只有一个山峰，而随着 K 的不断增加，适应度景观逐渐崎岖，直到 K = N − 1 时，适应度景观复杂性达到最高，此时需要重新评估，必要时进行新的攀登，以达到新的更高的山峰。

第四节 实验设计

一、实验参数设置

实验参数包括两个部分：基础参数和研究参数，具体如表 5 − 2 所示。

表 5 - 2　　　　　　　　　　　　　　基础参数和研究参数

类型	参数	含义	说明
基础参数	N	平台中任务元素数	N 和 A 决定了系统的设计空间，本实验中 N = 8，A = 2，故设计空间的规模为 2^8
	K	元素间相互作用关系的数量	K 值越大，系统的复杂性越高
	A	任务元素的状态数	每个元素的等位基因数量，本实验中设为 2
	ω_i	每个任务元素的贡献值	表示每个元素对系统整体适应度的贡献，将在 U [0，1] 中抽取随机数进行赋值
	W	网络交易平台系统适应度	
	R	平台模块与供应商模块相互作用关系的数量	R 值越大，平台企业与供应商的交互越多，系统复杂性越高
研究参数	α	协作需求	元素间不同的相互作用关系产生了不同的协作需求
	β	协作供给	不同的平台治理结构供应了不同的协作能力
	M′	错配系数	当协作需求和协作供给均衡时，匹配效用达到最高

表 5 - 2 中的基础参数为标准 NK 模型所需考虑的参数，研究参数是根据理论模型中的命题所设。其中 α 代表与元素间不同的相互作用关系产生的协作需求，α 越接近 1，说明相互依赖关系所产生的协作需求越高，α 越接近 0，相互依赖关系产生的协作需求越低。β 代表不同的平台治理结构所能提供的协作能力，β 越接近 1，说明治理结构的协作能力越强，而 β 越接近 0，说明治理结构所提供的协作能力越弱。M = α/β，代表协作需求和协作供给的均衡程度。当且仅当 M = 1 时，即 α = β，协作需要与供给实现了均衡；当 M < 1 时，即 α < β，说明协作供给较多，虽然满足了任务间的协作需求，但同时也产生了较高的协作成本，而当 M > 1 时，即 α > β，说明协作供给较少，无法满足任务的协作需求，从而导致平台秩序混乱，产生绩效损失。

二、实验过程

本书的实验过程的具体步骤如下。

（一）基础 NK 模型适应度景观构建

通过 NK 模型的基础参数，包括相互依赖矩阵的 N、K、A、R，以及从 U[0，1] 抽取随机数进行适应度 ω_i 赋值，生成基础 NK 模型适应度景观。

假设网络交易平台的任务元素数量 N = 6，元素的状态 A = 2，且这 6 个任务被平均分为两个模块，即平台模块和供应商模块，在模块内部，任务之间相互依赖，而模块之间的不同相互作用关系形成了不同的影响矩阵。

在图 5 - 5(a) 的集合依赖影响矩阵中，平台模块和供应商模块之间不存在相互作用关系，即平台和供应商之间因为标准化界面和模块化的存在，而使得二者之间不需要进行交互即可实现协作，因此在该矩阵中 R = 0。

在图 5 - 5(b) 的顺序依赖影响矩阵中，平台模块和供应商模块之间的顺序依赖关系意味着平台模块对供应商模块的影响存在，而供应商模块对平台模块的影响不存在。因此平台模块和供应商模块的相互作用关系出现在矩阵的下三角部分，我们在该矩阵中将通过随机生成模块相互作用关系数量及分别的方式构建，因此，0 < R < 16。

在图 5 - 5(c) 中的互惠依赖影响矩阵中，平台模块和供应商模块之间存在相互影响的关系，因此在矩阵的下三角和上三角部分都出现了相互作用关系，同上我们将在该矩阵中随机生成模块间相互作用关系的数量和分布，因此，0 < R < 32。

进而，依据以上的参数，同时在 U[0，1] 中抽取随机数对适应度进行赋值，形成网络交易平台不同依赖模式下的不同适应度景观。

（二）考虑治理效应的适应度景观生成

基础的 NK 模型只考虑了平台模块与供应商模块之间的相互依赖关系。而治理结构的引入将因为对相互依赖性的治理而产生治理效应，从而提高基础 NK 模型中的适应度值。但是治理结构中各种治理机制的运作必然存在治理成本，因此，命题 5.1 假设当相互依赖所产生的协作需求和治理结构所提供的协作供给匹配时，治理成本达到最低，此时提升了基础 NK 模型中的适应度值，但是二者若不能匹配，则会产生更大的协作成本，反而会降低基础模型中的适应度值。因此，该阶段实验中引入了研究参数协作需求 α、协作供给 β。

不同的依赖模式产生不同的协作需求，如集合依赖协作需求较低，而互惠依赖则协作需求较高，因此，实验中用 α_1、α_2、α_3 分别代表集合依赖、顺序依赖和互惠依赖下的协作需求，同时考虑到不确定性的存在，同一种依赖模式其协作需求也不尽然完全相同，令 α_1、α_2、α_3 分别属于不同的模糊集，如图 5-6 所示。其中，α_1 代表集合依赖的协作需求，因此需求较低，故，令 $\alpha_1 \in [0, 0.2]$，α_2 代表顺序依赖下的协作需求，其需求适中，因此，令 $\alpha_2 \in [0.15, 0.65]$，$\alpha_3$ 代表互惠依赖下的协作需求，其需求最高，因此令 $\alpha_3 \in [0.5, 1.0]$。实验中将在各自对应的模糊集中抽取随机数对 α_1、α_2、α_3 进行赋值，实验利用模糊集与抽取随机数的方法考虑了网络交易平台实际运营中的各种不确定性。

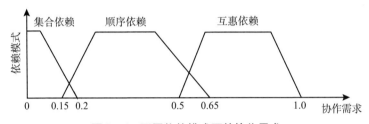

图 5-6　不同依赖模式下的协作需求

不同的治理结构提供不同的协作供给，如前文所述，越靠近市场端的治理结构协作供给越低，而越靠近层级端的协作供给越高，考虑到不确定性的存在，同一种治理结构其协作供给也不可能完全相同，因此令 β_1、β_2、β_3、β_4 分别代表网络交易平台的集贸式、商城式、半自营式和全自营式的协作供给，其中 $\beta_1 < \beta_2 < \beta_3 < \beta_4$，$\beta_1$ 在 $[0, 0.3]$，β_2 在 $[0.2, 0.5]$，β_3 在 $[0.4, 0.8]$，β_4 在 $[0.6, 1]$ 取随机数，如图 5-7 所示。

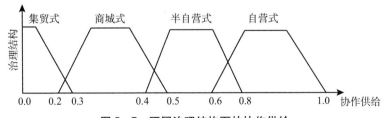

图 5-7　不同治理结构下的协作供给

111

设 M 为匹配系数，并令 $M = \dfrac{\alpha}{\beta}$，当 $M = 1$，即 $\alpha = \beta$ 时，协作需要与供给实现了均衡，此时协作成本达到最低，网络交易平台的绩效实现最高。然而，当 $\alpha < \beta$ 时，$M < 1$，表示协作供给不足，容易导致平台上运作的混乱，从而影响平台绩效；当 $\alpha > \beta$，$M > 1$，表示协作供给过多，虽然不会导致平台秩序混乱，但是由于协作成本的增加，最终也影响到平台绩效。

为了实现相互依赖模式与网络交易平台治理结构的匹配，从而达到协作需求与供给的均衡，首先，构造错配函数 M'：

令 $M' = \dfrac{|1 - M|}{1 + M}$，可知，$0 \leqslant M' \leqslant 1$。

当 $M' = 0$ 时，表明网络交易平台上的相互依赖模式与其治理结构无错配；

当 M' 越大，表明网络交易平台上的相互依赖模式与治理结构错配程度越高。

进而，利用错配系数修正适应度函数，$W' = 2W - M'W$。

通过该阶段实验，形成了考虑治理效应的新的适应度景观。

(三) 新景观中峰值搜寻

通过元素状态的改变以及结构的改变在新的适应度景观中展开对全局峰值的搜寻，实现网络交易平台的演化。

首先，通过模块内单一元素状态的改变展开行走式的攀爬搜寻。因为网络交易平台演化中以平台企业的探索为主，而供应商的探索对平台演化的影响较小，所以在单一元素状态改变的探索中，只进行平台模块内单一任务元素状态的改变的实验，即 $SR = 1$。

其次，通过系统内多个元素状态的改变展开跨越式的攀爬搜寻。网络交易平台中设置了 8 个任务元素，平台企业和供应商各占 4 个，同时考虑到平台企业的探索在平台演化中的主导作用，设置同时改变平台模块内 2 个元素的实验，即 $SR = 2$，并同时改变平台模块内 2 个元素以及供应商模块内的 1 个元素，即 $SR = 3$。

由于探索需要组织协作能力的支持，因此此时，在相互依赖对协作需求的基础上，增加了探索对协作的需求。而探索半径不同，对协作的需求也不同，当 $SR = 1$ 时，探索范围较小，对协作需求增量要求不高，因此只需给

予 α_1、α_2、α_3 一个较小的增量；而当 SR = 2 时，探索范围较大，对协作需求增量要求较高，则需给予 α_1、α_2、α_3 一个较大的增量。

最后，通过模块间相互作用关系数量的改变进行结构探索，从而改变适应度景观而进行激进式探索。在第二阶段实验产生的新景观中，改变平台模块与供应商模块之间的相互作用关系数量，即通过对不同的依赖模式中 R 的增加或降低，探索适应度值的提升方式。

第五节 实验结果与分析

本书的 3 个实验均基于 MATLAB 进行编程及运算，并进行了广泛的模拟，旨在了解相互依赖、探索能力和治理结构联合变化的绩效影响。计算及仿真结果将通过下文的系列图集进行详细分析。

模拟中的每个周期由代理根据其运行的治理结构对其活动做出一组决策。为了观察系统中企业的长期绩效，我们在给定的环境下进行了 20 个周期的模拟。为了确保结果不受统计偏差的影响，我们将每个模拟重复100000 次。因此，在特定的相互依赖模式下，特定时间段的任何报告的绩效值平均超过 100000 次模拟运行。一般而言，除非另有明确说明，否则报告的绩效差异在 1% 置信水平下具有统计显著性。

一、基础匹配分析

首先检查依赖模式与治理结构的匹配过程。

图 5 - 8(a) 展示的是集合依赖模式下的适应度景观图；图 5 - 8(b) 展示的是在某个周期内在集合依赖模式中引入集贸式治理结构后生成的新的适应度景观图。图 5 - 8(c) 是图 5 - 8(a) 景观图的等高线图；图 5 - 8(d) 是图 5 - 8(b) 景观图的登高线图。两组对比，明显发现图 5 - 8(b) 地形复杂多峰，且总体适应度值较高。其他两种依赖模式下引入不同治理结构后，同样生产不同的适应度景观，且适应度值有高有低。说明引入不同的治理结构，产生不同的治理效应。因此需要探寻不同的依赖模式下可以产出最高适应度值的治理结构，即依赖模式与治理结构的匹配。

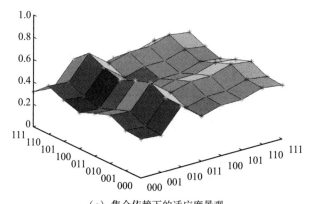

（a）集合依赖下的适应度景观

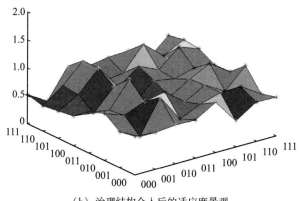

（b）治理结构介入后的适应度景观

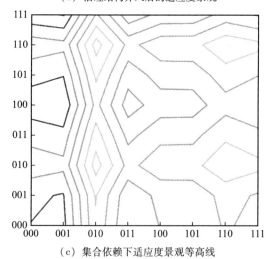

（c）集合依赖下适应度景观等高线

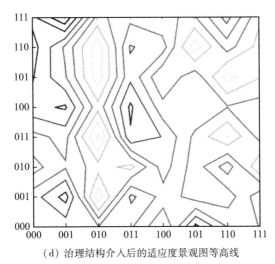

（d）治理结构介入后的适应度景观图等高线

图 5 – 8　集合依赖下不同时期适应度景观图及其等高线图

图 5 – 9（a）、图 5 – 9（b）、图 5 – 9（c）展示了4种治理结构在3种相互依赖模式下，经过随机变异达到适应度景观图中最高峰的绩效演化图，更清晰地展示了4种治理结构与3种依赖模式的匹配情况。图 5 – 9（a）中显示了在集合依赖下，集贸式治理结构达到了绩效最优，其绩效明显高于其他3种治理结构；图 5 – 9（b）中显示了在顺序依赖下，虽然集贸式、商城式和半自营式治理结构在初期绩效相差无几，但是随着时间的推移，商城式结构达到了绩效最优，继而是集贸式和半自营治理结构；图 5 – 9（c）中显示互惠依赖下，半自营治理结构达到了绩效最优，明显高于其他3种。

因此，可以得出结论：集合依赖模式与集贸式治理结构匹配实现了平台绩效最优；顺序依赖模式与商城式治理结构匹配实现了平台绩效最优；互惠依赖模式与半自营式治理结构匹配实现了平台绩效最优。该仿真结果证明了命题 5.1。

二、动态匹配分析

在 NK 模型的框架下，平台探索呈现出几种不同的探索模式。

第一，进行单独元素变异寻优的渐进式探索，此时 SR = 1。鉴于平台上平台企业处于绝对的优势地位，而供应商往往处于劣势追随地位，且供应

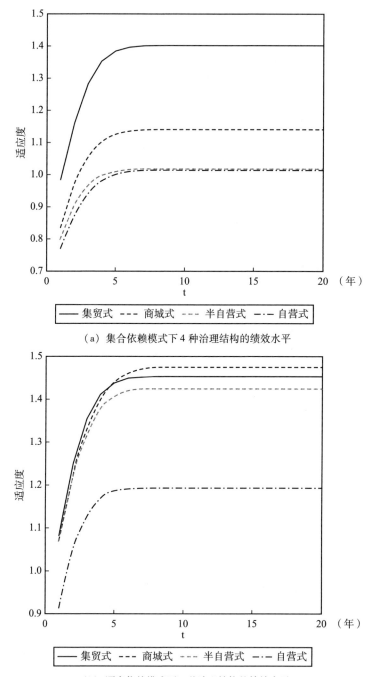

（a）集合依赖模式下 4 种治理结构的绩效水平

（b）顺序依赖模式下 4 种治理结构的绩效水平

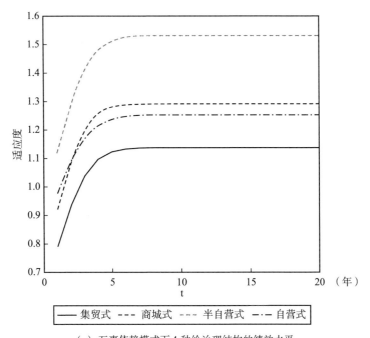

（c）互惠依赖模式下 4 种给治理结构的绩效水平

图 5 - 9 基础匹配下不同依赖模式各种治理结构绩效水平

之间的弱连接导致很难使其联合起来同时进行某一元素的变异，因此相对于某一个供应商的探索，平台企业的探索对平台绩效变化起到决定性的作用，而单独某一个供应商的探索对平台绩效变化的影响却是微不足道的，因此在平台局部搜寻时，本书重点考虑平台企业的局部搜寻对平台治理结构与平台绩效的影响。

　　第二，采取多个元素的同时变异寻优的跨越式探索，因此，$SR = [2, N]$。由于本书假设平台企业与供应商都仅有 3 个任务元素，因此在长跳搜寻中，令 $SR = 2$，同时考虑的平台企业对平台探索的绝对影响地位，本书考虑两种跨越式探索方式：平台企业同时变化两个元素，而供应商不变；平台企业的某一个元素与供应商的某一个元素同时变异。

　　然而探索并非总能提高组织绩效。因为探索越广泛，对组织的协作能力要求就会越高。

　　鉴于平台企业的局部搜寻探索是一种渐进式的探索模式，由于仅存在某一个元素的改变，因此对协作能力的增量需求较小；而当平台企业进行长跳搜寻或者平台企业与供应商同时进行搜寻时，此时平台发生了较大变化，从而对平台组织协作能力的增量需求可能将会提高。因此本书将在平台进行长跳搜寻时，通过扩大协调需求的模糊集右端限制值来考虑其对协作能力可能的增量需求及各种不确定性。因此重新产生了如图 5 - 10 所示的不同依赖模式下的协作需求。

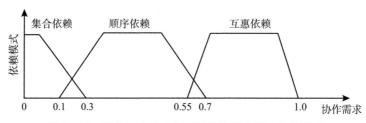

图 5 - 10　考虑探索模式的不同依赖模式下的协作需求

（一）平台企业渐进式探索结果呈现

平台企业通过改变自身的某一元素进行探索，这是平台企业的一种局部探索。图 5 - 11（a）、图 5 - 11（b）、图 5 - 11（c）展示的是在平台企业与供应商在不同的依赖模式下，平台的不同治理结构的局部探索结果。图 5 - 11（a）表示，在集合依赖模式下，与平台企业局部探索相匹配的治理结构仍是集贸式结构，通过平台企业的局部探索后，平台的最优绩效达到了 1.49，较之前图 5 - 9（a）可以达到的 1.4 的绩效水平有了明显的提高；图 5 - 11（b）显示，在顺序依赖模式下，与平台企业局部探索相匹配的治理结构转变为半自营式，绩效水平达到了 1.47，与图 5 - 9（b）中商城式结构达到 1.48 的绩效水平不相上下；图 5 - 11（c）表示，在互惠依赖模式下，与平台企业局部探索相匹配的治理结构变为自营式，最优绩效水平达到了 1.43，与图 5 - 9（c）中半自营达到的 1.52 的绩效水平相差甚远。

因此，可以得出结论：在集合依赖模式下，采取集贸式治理结构的网络交易平台中，平台企业通过渐进式探索攀爬到适应度景观中的最高峰，而成为网络交易平台的一种最优演化方式。

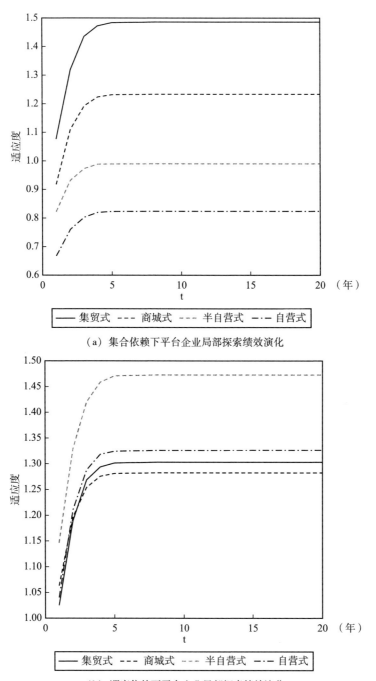

（a）集合依赖下平台企业局部探索绩效演化

（b）顺序依赖下平台企业局部探索绩效演化

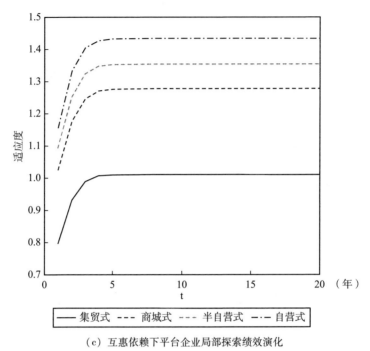

（c）互惠依赖下平台企业局部探索绩效演化

图 5 -11　动态匹配下不同依赖模式平台企业局部探索治理结构绩效水平

（二）平台企业的跨越式探索结果呈现

　　如前文所述，实践中探索行为往往需要组织协作能力的支持，图 5 - 12 （a）、图 5 - 12(b)、图 5 - 12(c) 展示了考虑增量协作需求的情况下平台企业与供应商在不同的依赖模式下，平台企业的不同治理结构的探索结果。图 5 - 12(a) 表示，在集合依赖模式下，与平台企业跨越式探索相匹配的治理结构转变为商城式结构，通过平台企业的跨越式探索后，平台的最优绩效达到了 1. 36，较之前图 5 - 9(a) 可以达到的 1. 4 的绩效水平稍有下降；图 5 - 12(b) 显示，在顺序依赖模式下，与平台企业跨越式探索相匹配的治理结构变为自营式结构，经过探索后绩效水平可达到 1. 45，与图 5 - 9(b) 中商城式结构达到 1. 48 的绩效水平相比稍有降低；图 5 - 12(c) 表示，在互惠依赖模式下，与平台企业跨越式探索相匹配的治理结构仍为自营式，最优绩效水平达到 1. 56，比图 5 - 9(c) 中半自营结构达到 1. 52 的绩效水平稍高。

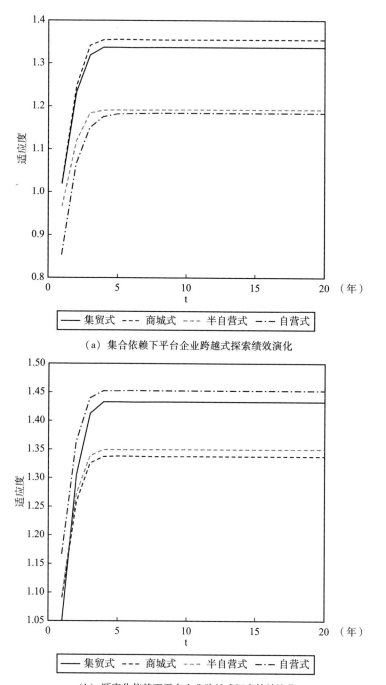

（a）集合依赖下平台企业跨越式探索绩效演化

（b）顺序化依赖下平台企业跨越式探索绩效演化

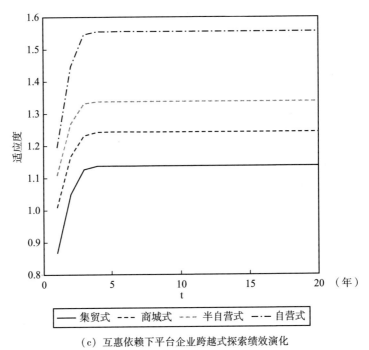

（c）互惠依赖下平台企业跨越式探索绩效演化

图 5－12　动态匹配下不同依赖模式平台企业跨越式探索治理结构绩效水平

因此，可以得出结论：在互惠依赖模式下，采取自营式治理结构的网络交易平台中平台企业通过跨越式探索攀爬到适应度景观中的最高峰，而成为网络交易平台第 2 种最优演化方式。

（三）平台企业与供应商跨越式探索的结果呈现

平台企业与供应商同时探索时，同样需要平台协作能力的支持，因此此时仍然考虑如图 5－10 所示的考虑平台协作能力增量需求的可能性。图 5－13(a)、图 5－13(b)、图 5－13(c) 展示了平台企业与供应商在不同的依赖模式下，平台的不同治理结构的探索结果。图 5－13(a) 表示，在集合依赖模式下，与平台跨越式探索相匹配的治理结构仍然是集贸式结构，通过平台企业和供应商的同步探索，平台的最优绩效达到了 1.34，较之前图 5－9(a) 可以达到的 1.4 的绩效水平稍有下降；图 5－13(b) 显示，在顺序依赖模式下，与平台企业跨越式探索相匹配的治理结构为商城式结构，经过探索后绩

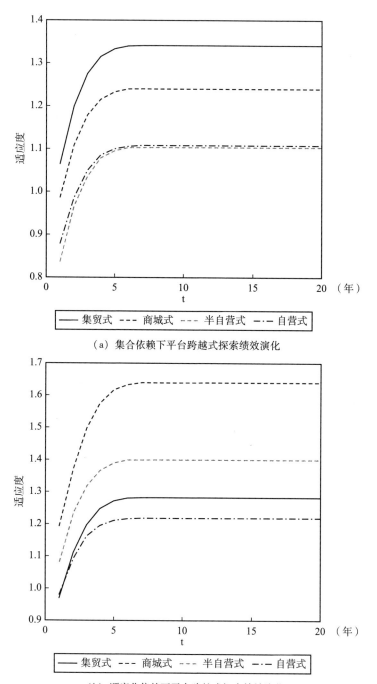

（a）集合依赖下平台跨越式探索绩效演化

（b）顺序化依赖下平台跨越式探索绩效演化

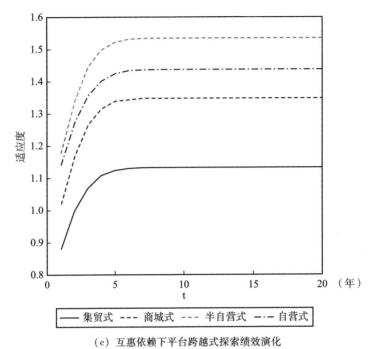

（c）互惠依赖下平台跨越式探索绩效演化

图5-13 动态匹配下不同依赖模式跨越式探索治理结构绩效水平

效水平可达到1.64，与图5-9（b）中商城式结构达到1.48绩效水平有较大幅度提高；图5-13（c）表示互惠依赖模式下，与平台企业跨越式探索相匹配的治理结构认为半自营式，最优绩效水平达到1.53，与图5-9（c）中半自营达到1.52的绩效水平不相上下。

因此，可以得出结论：顺序依赖模式下，采取商城式治理结构的网络交易平台通过平台企业与供应商同时进行探索的方式攀爬到适应度景观中的最高峰，而成为网络交易平台第3种最优演化方式。

综上，不同依赖模式下的探索策略与治理结构的组合产生了网络交易平台的绩效差异，而对高绩效的追逐将推进网络交易平台的演化。至此，动态匹配模型的分析结论证明了命题5.2。

三、进一步发现

继而，本书进一步改变相互依赖矩阵的 K 值，观察平台绩效变动。由于 K 值的变化将改变适应度景观图，因此也可以看成一种激进式的变革，需要从网络交易平台价值创造的起点（即相互依赖模式的变革）开始，在任务网络中表现为 K 值的变化。

首先考察同一依赖模式下，平台企业与供应商不同影响程度下（即不同的 K 值）所实现治理结构和依赖模式的匹配及其绩效变动水平。

为了展示不同 K 值从小到大的变化过程及其绩效变化过程，下文中将原有的依赖模式及变动了 K 值的依赖模式一起呈现，如图 5－14（a）、图 5－14（b）表示集合依赖模式，图 5－14（b）是在图 5－14（a）的基础上增加了平台企业对供应商的影响力。同理，图 5－15（a）、图 5－15（b）表示顺序依赖模式，图 5－16（a）、图 5－16（b）表示互补依赖模式。因为 3 种依赖模式中，后者都是前者 K 值微增，因此，文中将其称为增强型依赖模式。

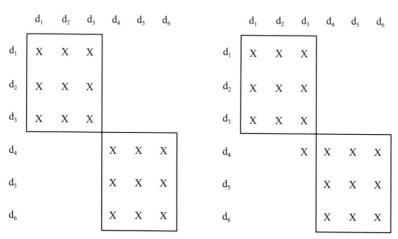

（a）集合依赖影响矩阵　　　　　　（b）增强型集合依赖影响矩阵

图 5－14　集合依赖模式及其增强型依赖模式的影响矩阵

	d_1	d_2	d_3	d_4	d_5	d_6
d_1	X	X	X			
d_2	X	X	X			
d_3	X	X	X			
d_4			X	X	X	X
d_5			X	X	X	X
d_6			X	X	X	X

（a）顺序依赖影响矩阵

	d_1	d_2	d_3	d_4	d_5	d_6
d_1	X	X	X			
d_2	X	X	X			
d_3	X	X	X			
d_4			X	X	X	X
d_5	X			X	X	X
d_6			X	X	X	X

（b）增强型顺序依赖影响矩阵

图 5 - 15　顺序依赖模式及其增强型依赖模式的影响矩阵

	d_1	d_2	d_3	d_4	d_5	d_6
d_1	X	X	X	X		
d_2	X	X	X	X		
d_3	X	X	X	X		
d_4			X	X	X	X
d_5			X	X	X	X
d_6			X	X	X	X

（a）互惠依赖影响矩阵

	d_1	d_2	d_3	d_4	d_5	d_6
d_1	X	X	X	X		
d_2	X	X	X	X	X	
d_3	X	X	X	X		X
d_4	X	X	X	X	X	X
d_5	X		X	X	X	X
d_6	X	X	X	X	X	X

（b）增强型互惠依赖影响矩阵

图 5 - 16　互惠依赖模式及其增强型依赖模式的影响矩阵

图 5－17(a)、图 5－17(b)、图 5－18(a)、图 5－18(b)、图 5－19(a)、图 5－19(b) 展示的是 4 种治理结构在 3 种基本依赖模式下和 3 种增强型依赖模式下，经过随机变异在适应度景观图中攀爬的绩效演化图。图 5－17(b) 中显示增强型集合依赖仍然与集贸式治理结构达到了绩效最优，且绩效值相较于 K 增加前有了明显的提高，但与图 5－17(a) 中其绩效明显优于其他 3 种治理结构的表现不同，在该图中集贸式结构相对于商城式结构不再具有明显优势；图 5－18(b) 中显示，在增强型顺序依赖下，依然是商城式治理结构达到了绩效最优，但是绩效值相较于 K 增加前却明显下降，而与图 5－18(a) 另一个明显的不同之处在于，集贸式治理结构随着 K 的变化，绩效结果最差。图 5－19(b) 与图 5－19(a) 也产生了明显不同，随着 K 的变化，自营式治理结构绩效表现最好，但是绩效值相较于 K 增加前却降低了。

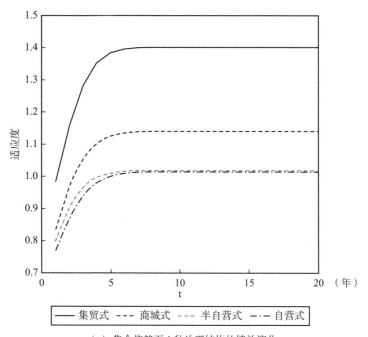

（a）集合依赖下 4 种治理结构的绩效演化

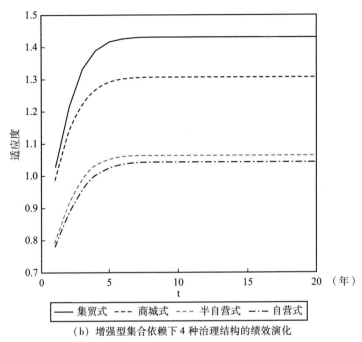

（b）增强型集合依赖下 4 种治理结构的绩效演化

图 5 −17　集合依赖模式及其增强型依赖模式下治理结构绩效水平

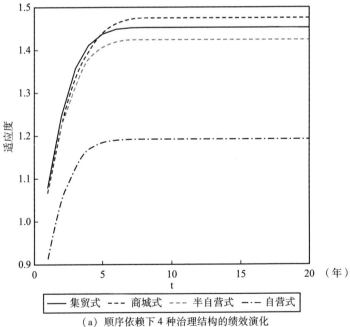

（a）顺序依赖下 4 种治理结构的绩效演化

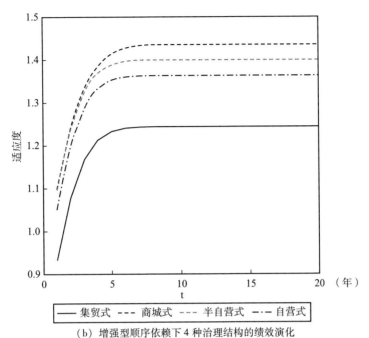

（b）增强型顺序依赖下4种治理结构的绩效演化

图5-18 顺序依赖模式及其增强型依赖模式下治理结构绩效水平

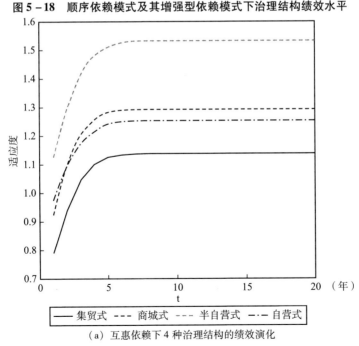

（a）互惠依赖下4种治理结构的绩效演化

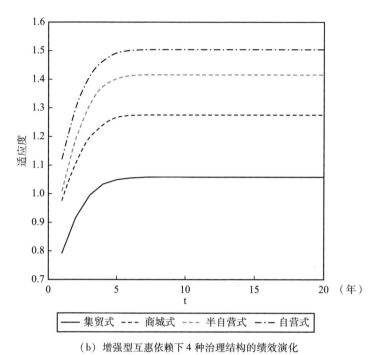

（b）增强型互惠依赖下4种治理结构的绩效演化

图5-19 互惠依赖模式及其增强型依赖模式下治理结构绩效水平

综上，K值变动后，不同的依赖模式下，网络交易平台的绩效表现不同。

在集合依赖模式下，无论K值大小，集贸式治理结构都可以达到绩效最优，但是K值增加后的平台绩效明显高于增加前的绩效值。且随着K值的增加，集贸式结构相对于商城式结构不再具有明显优势。

在顺序依赖模式下，无论K值大小，商城式治理结构都达到了绩效最优，但是K值增加后的平台绩效却差于增加前的绩效值。且随着K的变化，集贸式治理结构绩效结果越来越差。

在互惠依赖模式下，K值增加前半自营结构达到绩效最优，K值增加后，全自营达到绩效最优，但是K值增加后的绩效值要差于K值增加前达到的绩效值。

因此，可以得出结论，在集合依赖模式下，平台企业增加供应商对其的影响力，可以实现更好的平台绩效；而在顺序依赖和互惠依赖模式下，平台企业增加对供应商的影响力，反而会降低平台绩效。

　　接下来，再进行 K 值变动的综合比较。如前所述，相互依赖是影响网络交易平台价值创造的起点，是网络交易平台治理结构选择的核心要素，相互依赖模式的改变，需要相应治理结构的变革，进而推动网络交易平台的演化。综合比较图 5 - 14、图 5 - 15、图 5 - 16 的 6 个依赖影响矩阵图以及图 5 - 17、图 5 - 18、图 5 - 19 的 6 个不同治理结构绩效演化图可以发现，互惠依赖模式下的半自营式治理结构比其他依赖模式下任何治理结构能达到的绩效值都要高。因此，从仿真结果可以得出结论：对网络交易平台而言，最理想的演化方向是互惠型依赖模式下半自营治理结构。

　　本书将网络交易平台看作是相互依赖的任务网络，在整个任务网络中，平台企业和供应商作为不同的主体承担网络交易平台运作过程中的不同任务，形成一个任务网络中不同的任务模块，它们通过不同的任务选择，共同为消费者的良好体验而努力。模块内部任务间的相互依赖性较强，而模块间的任务依赖性则会因为依赖程度的不同而使得平台企业与供应商的交易位置发生变化。

　　如图 5 - 14(a) 所示，平台企业模块与供应商模块任务之间是集合依赖关系，它们只在本模块内部存在相互依赖关系，这时两个模块之间存在一个典型的窄交叉点，使得两个模块可以独立运作而不相互影响。但实践中平台企业模块与供应商模块很难完全独立运作，平台企业为了平台整体利益，总是会想办法利用其权力优势影响供应商的决策，即转变为如图 5 - 14(b) 所示的增强型依赖。如果平台企业对供应商任务元素的影响力很高时，相互依赖模式就从集合依赖转变为了顺序依赖，即图 5 - 15(a) 所示。但是供应商也会尽可能地对平台企业的任务元素产生影响，从而提升与平台的谈判力，如果供应商能够利用自身能力影响平台企业，此时平台企业模块与供应商模块又成为互惠依赖模式，如图 5 - 16(a) 所示。随着平台企业模块和供应商模块的相互影响逐渐增强，在任务网络图中表现为图 5 - 14(a) 中空白部分被逐步填满，直到图 5 - 16(b) 所示的程度，平台企业模块与供应商模块任务之间的相互依赖程度越来越高，之前存在于两模块之间的窄交叉点逐步加厚，成为粗交叉点。

　　随着平台内外环境的变化，平台企业与供应商的依赖关系会在窄交叉点和粗交叉点之间不断变换，在此过程中又伴随着网络交易平台的探索行为，进一步促进依赖关系的改变和对协作能力的需求。随着依赖关系的改变，出于对高绩效的追逐，平台治理结构必然需要做出相应的调整。如前所述，当平台企业与供应商相互较为独立时，网络交易平台任务网络中平台企业模块与供应商模块逐渐存在窄交叉点，平台企业往往选择集贸式结构进行物质、能量以及信息的转移，产生更小的协作成本。而随着二者依赖强度的加深，任务网络中出现了粗交叉点，而密集且复杂的转移往往会导致机会主义行为并阻碍两模块之间的无缝衔接，因而需要更多的成本用于定义、计算和支付，交易和协调的成本就越来越高，最终使得平台企业通过一体化供应商的任务而封装交易，从而保证消费者体验（Baldwin，2008）。

第六节 小结

本章利用 NK 模型实现了网络交易平台治理结构与其核心选择要素的动态匹配，并在二者的动态匹配中发现了网络交易平台的 3 种最优演化方式。首先，基于交易成本理论和组织协调理论进行理论推演，推导出网络交易平台治理结构与其核心选择要素——相互依赖性的匹配逻辑，并基于该逻辑进行理论建模，构建了网络交易平台治理结构的基本匹配模型，继而应用复杂适应系统理论实现网络交易平台在发展和演化过程中治理结构与核心选择要素的动态匹配，最终发现：（1）在网络交易平台中，平台企业与供应商不同的依赖模式与不同的治理结构相匹配，导致了网络交易平台的绩效差异。（2）在网络交易平台中，不同的探索策略与治理结构的组合产生了网络交易平台的绩效差异。在对动态匹配模型的模拟仿真中，发现了网络交易平台的 3 种最优演化方式。（3）在对平台中任务元素的相互关系变动的模拟仿真中发现了网络交易平台的最佳演化方向。这些发现为实践中平台企业进行网络交易平台治理结构的选择及其发展提供了理论指导及选择建议。

第六章

网络交易平台治理结构策略分析

第三、第四、第五章基于交易成本理论与组织协调理论，应用比较制度分析范式，对网络交易平台治理结构进行了深入的理论研究，剖析了治理结构的特征，设计了网络交易平台组织属性识别工具，厘清了治理结构选择的解释机制，实现了治理结构与核心选择要素的动态匹配，探寻了网络交易平台演化方式与方向。本章将基于前文的研究成果，结合实践中的平台治理案例，提出网络交易平台治理结构相关的各种可操作性策略。

第一节　网络交易平台治理结构设计策略

本书通过挖掘网络交易平台组织属性，发现网络交易平台的 4 种治理结构，而每一种治理结构都表现为治理机制高低不同的组态，因此选择不同的治理结构也就意味着与之相匹配的不同治理机制的设置，各种治理机制之间相互匹配才能使各种治理结构发挥其治理效应。本书构建了网络交易平台组织属性的靶盘模型，使用"靶盘"隐喻平台企业的有的放矢，即平台企业在治理过程中，要将治理之箭根据长短不同进行组合，并射向相应的区域，做到有的放矢，这样才能获得较好的治理效果。

一、治理结构设计策略分析

网络交易平台治理结构具有多样性，相同的产品和服务在不同的平台上交易的治理模式不同，但是无论选择或设计何种治理结构，供应商的激励机制和决策权配置都要与相应的管理控制实现匹配，这样才能保证理想的治理效果，如表6-1所示，本书基于靶盘模型及第三章的研究结论列示了不同治理结构下的治理机制设计。

表6-1 不同网络交易平台治理结构设计策略

核心构念	集贸式	商城式	半自营式	全自营式
激励机制	高能激励	高能激励	高能激励	低能激励
管理控制	过程控制	输入控制 输出控制 过程控制	输入控制 输出控制 过程控制	非正式控制 输入控制 输出控制 过程控制
所有权自治	独立决策	独立决策	单方决策	单方决策

（1）集贸式治理结构，是输出定价导致的高能激励，是较高程度的过程控制以及平台上供应商高度的自治权的组合。高能激励以及供应商的高度自治权虽然保证了产品的多样性以及长尾市场的激活，但是难以保证产品质量，因此需要强过程管控来确保平台上产品的质量，如平台企业所出台的各种规则以及平台后台的各种过程中管控措施，包括投诉机制、基于大数据分析的过程控制、反馈机制等。

（2）商城式治理结构表现为高能激励、高所有权自治以及强管控的组态。相较于集贸式结构，它增加了输入、输出控制，以保证平台入驻的供应商是高品质供应商，同时辅以高能力激励与高所有权自治以保证产品的多样性，一般用来满足高品质生活需要的消费者需求。

（3）半自营式治理结构表现为高能激励、低所有权自治以及强管控的组态。这是一种独特的治理结构，是京东在京东商城的发展过程中放松对平台产品的绝对控制，改由供应商自己经营的一种模式。高能激励的输出式定价保证供应商运营产品的积极性，同时配以较高程度的管控和较低的所有权自治，在保证产品质量和消费者体验的同时，牺牲了产品的丰富性。

（4）全自营式治理结构本质为层级治理，表现为低能激励、低所有权自治和高管控的组态，产品或服务运营完全靠平台企业单独运作。

二、案例解析①

在网络交易平台治理结构设计中，要做到供应商的激励机制和决策权配置与相应的管理控制相匹配。

滴滴顺风车曾经发生过三个月两起命案的恶性事件，究其根源就在于治理结构设计不合理。滴滴顺风车平台是典型的集贸式治理结构，而集贸式结构表现为高能激励、高所有权自治与强过程管控，滴滴顺风车正是由于对滴滴司机的管控不足而产生了恶劣后果。

首先，两起命案的行凶车主均存在伪造资料成为滴滴司机的事实，且顺风车平台对司机和车辆的要求均比快车、出租车的进入门槛更低，因此可以说平台对司机及其车辆的输入控制极为薄弱。在 2018 年空姐遇害案后，顺风车平台停业整顿一周，要求司机和乘客必须完成 6 个步骤方可注册，车主每次接单前必须进行人脸识别，用户可自主选择一键拨打安全号码等。

因此，可以说滴滴顺风车平台已经进行了相应的输入控制，但是仅仅 3 个月后又发生乐清女孩被杀案。

事后调查发现，平台投诉机制欠妥。据报道，在该车主作案的前一天，已有另一名顺风车乘客投诉该车主"多次要求乘客坐到前排，开到偏僻的地方，下车后司机继续跟随了一段距离"，但滴滴客服没有及时针对这一投诉进行调查处置。此外，在乐清女孩被杀过程中，曾两次发布"救命"信息，亲友多次拨打滴滴客服，结果却未引起重视。其次，接警机制不通畅。据乐清警方通报，民警向客服索要司机联系号码和车牌号码无果，且客服称"需 3 至 4 小时提供查询结果"。而导致上述问题的根源是外包式客服系统导致的对顺风车司机形同虚设的过程管控。

在顺风车平台上，司机拥有高度的所有权自治与输出式定价的高能激励，且为了网络效应的激活，输入控制极为薄弱，很容易出现鱼龙混杂的情况，因此，为了避免追求更高利益而损害平台及顾客利益的事件发生，需要进行高强度的过程管控，如投诉机制、反馈机制、监控机制等。但在滴滴顺风车平台上，过程管控却形同虚设，从而导致了司机几乎处于无人监管的状态。如同淘宝网发展初期，由于过程管控的缺失，淘宝网被冠以"假货市

① 案例中的内容由作者根据相关新闻报道整理而得。

场"的称号。但在淘宝网发展的十几年中，阿里集团不断加强过程管控，出台各种平台规则，并从后台对淘宝卖家进行监控，从而使得淘宝网产品质量不断提升。

因此，对于任何一个平台企业而言，在治理平台时，不能仅仅关注激活平台的网络效应，而忽视治理结构的设计。如果平台企业的治理结构设计能力有限，可以构建层级控制较强的半自营或全自营式治理结构的平台，通过权威实现协调，降低供应商的机会主义行为倾向甚至是违法行为动机。

第二节 网络交易平台治理结构选择策略

本书经过对网络交易平台治理结构影响因素的构型分析，识别了治理结构的核心选择要素和边缘选择要素，进而利用 NK 模型探讨网络交易平台治理结构与核心选择要素之间的动态匹配，经过模拟仿真发现，随着时间的推移，每一种相互依赖模式下都存在可以产生最优绩效的治理结构。

一、治理结构选择策略分析

在网络交易平台的发展过程中，平台企业与供应商之间的任务依赖关系会随着时间的推移而发生变化，而平台企业出于对高绩效的追逐，需要不断进行治理结构的变革，以实现治理结构与相互依赖模式匹配，从而产生的最小协作成本。

（1）在集合依赖模式下，平台企业与供应商的任务模块的相互依赖性很小，容易通过标准化界面的设置而实现模块间的较好协作，即每一个模块各自独立进行本模块内部的任务选择及变异，却很少会影响到其他模块的任务，因此，模块间的协作需求极少，因此对平台企业而言，只需要选择协作能力供给较少的治理结构即可，因为协作能力供给越多，协作成本也会越高。此时平台企业选择协作能力最低的集贸式治理结构将会产生最优的平台绩效。

（2）在顺序依赖模式下，平台企业与供应商任务之间是非对称依赖，即平台企业的任务元素对供应商任务元素的影响较大，而供应商对平台企业的影响却非常小，根据第五章的仿真结果，此时为了达到最优平台绩效，平台企业应选择商城式治理结构。

（3）在互惠依赖模式下，平台企业与供应商之间是相互依赖的，此时，不仅仅是供应商对平台的依赖，平台企业也开始依赖于供应商提供高质量的产品和服务，或依赖于供应商的专业运营能力，它们之间的相互依赖使得平台上协作需求大大提高，根据仿真结果，此时协作能力较强的半自营式治理结构与互补依赖模式成为最佳匹配，因此建议平台企业选择半自营式的治理结构。

（4）在互惠依赖模式下，如果平台企业与供应商之间的相互依赖继续增强，则会使得平台上的协作需求非常高，此时，半自营式治理结构所能提供的协作能力已无法满足协作需求，因此建议平台企业选择全自营式的治理结构。

二、案例解析①

实践中，平台企业出于对平台高绩效的追逐，不断进行着对原有治理结构的变革，而实现了网络交易平台的演化。其中，京东的发展历程很好地说明了京东治理结构的选择过程。

京东经历了从全自营治理结构到半自营和商城式治理结构并存发展的演化过程。在京东发展之初，仅有京东自营，平台构建初期，京东品类以 3C 产品、家电产品为主，而这一类产品价值高、运输难度高、售后要求高，因此订单履行的难度和成本都较大，而当时社会化物流造成的到货慢、货物损毁的问题时有发生，为了保证顾客体验，京东进行了物流体系及售后服务的专用性投资。然而良好顾客体验的前提保障是供应商的正品货源，此时，京东与供应商之间是增强型的互惠依赖关系，京东依赖供应商提供的高品质产品和售后服务能力，供应商也逐步依赖京东这条线上渠道去开拓市场，鉴于此，京东最初采取全自营治理结构进行运作，供应商将产品交付京东，京东内部员工进行产品销售及部分售后服务，可以说京东商城涵盖了采销、仓储、配送、客服、售后等众多环节，以保证对产品全流程的全面控制，刘强

---

① 案例中京东的业务模式均由作者根据相关新闻报道和各类内容平台发布的相关内容整理而得。

东为此还提出著名的"甘蔗理论"。京东厚重的全自营模式使行业费率大大降低、效率大幅提升，然而，自营模式的过多自有投资却使平台一直处于亏损状态。

2010年之后，京东进行了多方面的探索，其中有两项涉及治理结构的变革：一方面平台开放，京东发展了商城式治理结构；另一方面改变与供应商关系，全自营逐步演化成半自营式治理结构。

对自营而言，采购和仓储是有天花板的，如百货类产品标准化程度非常低、品牌杂，组建团队自采自销，进展慢且成本高。然而开放平台给供应商，能快速增加品类做大规模，从而降低平台单位销售成本，实现高净利。于是，京东商家开放平台（POP）业务于2010年10月全面上线，在优质供应链的基础上通过开放平台的模式，创造新的生意，深入挖掘京东供应链价值和潜力。然而，在平台开放的最初几年中，由于多年全自营治理结构的固定思维，京东POP平台一直处于"蛮荒时代"，京东的员工习惯于下指令给供应商，将店铺提供给供应商，"别的就不管了"。可以说，京东POP平台与其供应商处于一种典型的非对称的依赖关系中，供应商依赖于平台企业的任务元素，而对平台企业任务元素的影响却非常小，平台企业却习惯于全自营治理结构，只会给供应商下发指令，因此处于"顺序依赖—全自营治理结构"的次优组态下。早期京东POP的供应商抱怨颇多，一度出现了"雕爷炮轰京东"等事件。2013年京东POP在更换了四任掌门之后，由黄莺负责，黄莺曾谈到，"让一批做计划经济做得成功的人来做市场经济，很难"，而市场经济的精髓不在于管，而在于制定规则，黄莺认为POP平台的责任就是"制定规则，把路修好，给予各种激励政策，让商家自己去做。正如古拉蒂所言，"合作伙伴现有的治理结构、惯例和资源可能妨碍有效的组织间协调"，黄莺的前任掌门人都在以原有治理结构逻辑进行平台治理，显然无法适应新的平台企业与供应商关系。因此，在黄莺及其后任辛利军的努力下，京东POP平台从平台企业发号施令管控供应商逐步转变为通过制定规则协调供应商的商城式治理结构，实现了"顺序依赖—商城结构"的最优组态。

京东涉及治理结构变革的另一举措是在京东自营业务中逐步引入供应商的专业能力到产品运营中。如上所述，对自营而言，采购和仓储是有天花板的，而团队的自营能力也是有天花板的，随着京东"全品类运营"战略的实施，其给京东采销带来了巨大的运营压力，且进展慢、成本高。鉴于供应商最了解其产品特性和目标顾客购物特性的特质，京东将供应商的专业运营能力引入平台，由供应商自己进行产品的运营。而实现供应商运营产品的前提是供应商需要有一定的自主权，因为它们除了要推荐最适合消费者的高质量产品外，还需要自主完成库存管理、商品编辑、商品定价、商品汰换、商品营销等日常业务作业，因此京东将供应商任务与平台企业任务进行部分模块化，向供应商提供统一的标准化界面及相应的规则，从而减少平台企业与供应商之间常规任务的依赖性。平台企业任务的完成依赖于供应商的专业的产品运营能力，而供应商任务的完成依赖于平台企业所能提供的流量及数字化运营能力。平台企业与供应商之间仍旧是互惠型依赖关系，但是依赖性减弱。伴随着二者关系的转变，京东自营治理结构也逐步转向半自营的治理结构，供应商在平台上进行产品或服务的运营，且拥有剩余控制权，但是无论是营销活动的参与，或产品价格的修改等最终决策权仍在平台企业方，需要供应商向平台采销申请，任务才能最终得以实施，因此，平台方面负责产品运营的采销人员处于产品运营的权力优势地位，他们更多地依靠权力实施网络交易平台协作。最终，双方各自专注于自己擅长领域，且最大限度调动供应商的积极性，从而实现了更好的顾客体验。

与京东一样，任何一个平台的发展，其治理结构都不可能始终不变。平台内外环境的变化会带来平台企业与供应商之间依赖关系的改变，如互补资源的市场化程度降低了平台企业对供应商的依赖，平台后台技术的发展降低了供应商对平台企业的依赖等，此时平台企业需要根据依赖关系及时进行治理结构的调整，以降低平台上的协作成本，实现平台整体绩效的提升。

第三节　网络交易平台发展策略

在平台发展中，无论是平台企业还是供应商，为了适应不断变化的环境，都在进行各方面的探索，而在网络交易平台中，由于平台企业与供应商之间的相对独立性，使得供应商凭借更大的自主权，通过自演化增强平台组织的适应性和竞争力，从而使得平台成为应对不确定性的最好代表（赵宇楠等，2019）。

一、网络交易平台演化方式选择

（一）演化方式分析

复杂适应系统理论认为系统成员主动与环境反复相互作用是系统发展和演化的基本动因，具体表现为通过要素的变异使系统的总体适应性不断提高（Holland，1992）。在网络交易平台中，表现为平台企业与供应商任务元素的各种变异，即组织探索。

我们通过第五章仿真结果发现，平台企业或供应商并不能随机选择探索策略，因为在不同的依赖模式下，不同的探索策略与治理结构的组合，会产生网络交易平台的绩效差异。而正是出于对高绩效的追逐，平台企业以及供应商应该根据相互依赖模式选择合适的探索策略，而不同的探索策略产生了不同的协作需求，不同的治理结构提供了不同的协作能力，网络交易平台依然是在实现协作需求与协作供给均衡的目标下，在其依赖模式、探索策略与治理结构的动态匹配中，实现在适应度景观中向更高峰的攀爬，这是网络交易平台演化性的表现。

根据第五章的仿真结果，本书提出如下平台演化方式：

在集合依赖模式下，在采取集贸式治理结构的网络交易平台中平台企业通过渐进式探索更容易使平台攀爬到适应度景观中的最高峰。

在互惠依赖模式下，在采取自营式治理结构的网络交易平台中通过平台企业的跨越式探索更容易攀爬到适应度景观中的最高峰。

在顺序依赖模式下，在采取商城式治理结构的网络交易平台中通过平台企业与供应商同时变革的跨越式探索平台更容易攀爬到适应度景观中的最高峰。

（二）案例解析①

淘宝网著名的"十月围城"事件贴切地反映了演化方式选择不恰当造成的严重后果。2011年10月10日，淘宝商城宣布正式升级商家管理系统。此次调整包括以下内容：（1）商家缴纳的年技术服务年费从6000元提高至

---

① 案例中的相关内容均由作者根据相关新闻报道整理而得。

3 万元和 6 万元两个档次，并实行有条件的技术服务费年终返还制度，淘宝商城将根据商家的经营规模、服务质量等指标的达标情况对商家的技术服务年费进行部分乃至全额返还。（2）建立商家违约责任保证金制度。商家进驻淘宝商城将根据所经营或者代理的品牌缴纳违约保证金。商家一旦有达到一定程度的违约行为，将扣除至少 1 万元的保证金，保证金直接进入消费者保障基金，为消费者提供保障。（3）对假货采取"零容忍"。消费者一旦买到假货将获得"假一赔五"的赔偿，同时其他商家违规行为对消费者补偿幅度也将大大增加。（4）对于商家描述不符、延迟发货、违背承诺等情形也做了赔付规定。商家除全额退赔货款外，还要额外赔付消费者一定百分比的货款赔付金额。如商家延迟发货，需向买家支付该商品实际成交金额的 30% 作为违约金等诸多商家管理制度的改进。但是，由于此次商家管理制度改变巨大，导致很多中小卖家可能由于商城费用的增加退出商城，部分卖家商品及服务跟不上淘宝商城变革。于是，2011 年 10 月 11 日，近 5 万多名网友结集 YY 语音 34158 频道，有组织地对部分淘宝商城大卖家实施"拍商品、给差评、拒付款"的恶意操作行为，导致多家店铺多数商品被迫下架的恶性结果。从以上案例中可以发现，阿里巴巴由于探索过于广泛，使淘宝上的众多中小商家无法适应探索结果，而淘宝网对其平台上的商家却并没有足够的控制力和影响力，因此最终导致平台企业与供应商剧烈冲突的"十月围城"事件。

淘宝网是典型的集合依赖模式，平台企业采取集贸式治理结构可以达到绩效最优，如需进行探索，应实行渐进式探索，或者小幅度增加平台企业模块对供应商模块的影响力度，这样更为适合。这是因为当平台企业与供应商之间为集合依赖时，它们之间各自独立决策，相互影响极小，因此它们之间的协作能力也较差。而局部探索对协作能力的增量需求较小，因此可以帮助平台向绩效景观图的最高峰逐步攀爬。反观案例中同时进行多种制度同步变革的跳跃式探索，由于对协作能力需求较高，从而导致案例中的冲突事件发生。京东的发展史也可以印证探索策略与治理结构匹配的重要性。

京东的高速发展中有 3 次起着决定性作用的战略决策。第一次是转型做电商；第二次是决定向全品类扩张，从只做 3C 产品转变为一站式消费平台；第三次是决定自建仓配一体的物流体系。而后两次战略决策都是刘强东于 2007 年做出的，都是其在投资人与管理层反对的情况下坚持己见推行下去的。之所以两个重大战略同时进行，在于这两个战略上的相辅相成，京东在品类扩充过程中，发现当时的社会物流难以满足京东品类的需求，因此开始自建物流。而能在投资人与管理层皆反对的情况下推行下去，除了刘强东个人的管理风格之外，还得益于京东的自营式结构，京东在与其供应商依赖关系中处于权力优势地位，使其很难受到供应商的影响，且在自营式结构中，供应商并不会参与平台上产品的运营，而仅仅扮演产品的供货商角色，因此平台企业很容易运用手中的权力优势自由做出平台的各种探索决策。刘强东认为，"一家创业型高速发展的公司，在公司里必须有一个有绝对控制能力、可以驾驭公司的人，才能保证这家公司快速增长，否则如果谁说了都不算，那公司就完蛋了"。虽然，刘强东所言更多的是公司内部的创始人权威，但在平台的探索中依然适用，平台企业对平台的绝对权威杜绝了类似淘宝"十月围城"事件的发生，从而保证平台探索的顺利进行。

从网络交易平台的 3 种最优演化方式以及淘宝网"十月围城"事件可以发现，在网络交易平台演化过程中，协作远比探索更重要。集合依赖提供了最广泛的探索能力，但是受限于协作能力较差，使其最佳演化方式为渐进式探索，淘宝网"十月围城"事件充分说明了这一点。同理，在互惠依赖模式中，虽然高度的依赖性产生了崎岖的适应度景观，从而限制了平台的探索能力，但是自营式治理结构所提供的协作能力却助力了平台的探索能力，使网络交易平台虽然在崎岖地形上，但依然可以进行跨越式攀爬，京东的案例可以充分说明这一点。

二、网络交易平台演化方向选择

（一）演化方向分析

在一个任务网络中，组织探索的另一种方式是通过改变元素之间的关系，即从价值创造的起点——任务的相互依赖出发，进行较为激进的变革。

第五章中，通过同一依赖模式下不同的元素关系得出结论：在集合依赖模式下，平台企业增加供应商对其的影响力，可以实现更好的平台绩效；在顺序依赖和互惠依赖模式下，平台企业增加对供应商的影响力，反而会降低平台绩效。因此，本书建议平台企业在平台治理过程中，对平台上供应商采取适度影响较为合适。在集合依赖模式下，平台企业对供应商的任务选择影响极小，容易产生供应商追求私利而损害平台整体利益的情况，因此，建议平台企业利用平台所有权对供应商的关键任务元素进行适当的影响。如淘宝网通过制定淘宝规则影响所有商家的任务选择，保证淘宝网的交易秩序。在顺序依赖模式下，平台企业要对供应商的影响适度，过度影响只会损害平台的整体利益。如天猫的"二选一"事件中，平台企业凭借权力优势，通过后台流量控制和排位控制逼迫商家二选一，从而造成恶劣社会影响。在互惠依赖模式下，也要求平台企业适度影响，如京东自营从最开始对商品销售任务的绝对控制到引入供应商进行产品运营，在逐步下放权限的过程中，可以看到平台企业对供应商的适度控制，一方面可以保证平台产品品质和顾客体验，另一方面可以激发供应商的积极性。

此外，第五章还通过跨依赖模式比较得出结论：对网络交易平台而言，最理想的演化方向是互惠型依赖模式与半自营治理结构的组合。互惠型依赖模式由于平台企业对供应商的依赖而打破了平台垄断的可能性，因此成为最优依赖模式。而这种依赖模式高协作能力的需求，对治理结构的协作能力也提出较高要求，半自营式结构因恰好提供了这种协作能力而成为最佳匹配治理结构。

因此，根据仿真结果可以建议，平台企业的任务元素对供应商的任务元素要做到适度影响，过度影响只会适得其反；同时建议供应商要尽可能增加其任务元素对平台企业任务元素的影响力。平台企业由于拥有平台所有权，可以很容易地调节对供应商任务元素的影响。如在阿里系平台中，阿里对淘宝网商家的任务影响非常小，淘宝网商家的独立性很强；而在天猫平台上，阿里对商家的任务影响就很高，以至于出现通过后台流量和排序控制干扰商家正常运营的现象。但是供应商想要增加对平台企业任务元素的影响就非常困难，因为供应商处于相对劣势的地位。在互惠依赖形成之后，平台企业可以采取半自营式治理结构对平台上的交易进行治理。

（二）案例解析与进一步讨论①

在"治理结构的选择策略"一节中曾讨论了京东的治理结构演化过程，京东自营平台的依赖模式从最初的增强型互惠依赖逐步减弱到互惠依赖后，

---

① 案例中的相关内容均由作者根据相关新闻报道以及相关案例研究文献整理而得。

治理结构也从全自营调整为半自营的结构，至今二者的组合依然稳定成为京东自营平台运营的主要模式。京东的案例可以部分证明"互惠依赖模式—半自营治理结构"的组合是网络交易平台的最佳演化方向。

然而半自营治理结构也有其劣势。其最大的劣势在于，平台企业介入产品运营，但精力与能力却有限，引入供应商进行产品运营，而其权限却有限。因此如京东自营商家所言："适合做头部爆品，不适合做中长尾。自营要入仓，不起量的中长尾品做着很痛苦，每个仓放一点点货，容易断货，一断货就得从工厂发货入仓，一周过去了……搜索权重都掉没了。放多点货，销量又跟不上，超过周转期，京东还得给退货回来。"消费者需求的个性化越来越高，半自营式的治理结构显然很难满足消费者的个性化、多样化需求。在 NK 模型的模拟仿真中，由于仅从网络交易平台核心交互出发考虑网络交易平台的治理结构，且仿真过程中只考虑平台整体利益，包括平台企业及参与者的总效用，并没有将消费者效用考虑在内，所以我们基于上述前提得出"互惠依赖模式—半自营治理结构"的组合是网络交易平台的最佳演化方向的结论。

通过对平台实践的观察，本书在第三章的案例研究中曾发现，"同一网络交易平台在其互补资源培育成熟的基础上，形成多种治理结构并存的局面"，从而形成一个完整的平台生态系统。这个平台生态系统的发展过程其实是一个典型的互补品培育过程，培育通用互补品及互补商，实现平台商品和服务的多样性，培育专用互补品及互补商，实现顾客在平台的优质体验。在互补品的培育过程中，要关注通用互补品培育，同时更要注重专用互补品的培育，因为它是构建平台竞争优势、向生态化发展的必经之路，是平台参与者提升自身影响力的重要途径，也是实践中所观察到的网络交易平台的最佳演化方向。

韩都衣舍作为一个"淘品牌"起家的商家，在天猫将大量的传统线下品牌引入线上渠道后，面对大牌凭借线上、线下联动的优势对淘品牌的生存空间形成的挤压，采取多归属战略，入驻京东、当当等平台，却引起天猫"二选一"的责难。2013 年韩都衣舍曾接到天猫平台的通知，"如参加京东商城的 618 促销，将无法获得下半年天猫所有活动的资源，包括双十一促销等"，到 2017 年，韩都衣舍关闭了京东品牌店。作为淘品牌起家的商家，韩都衣舍对天猫平台的依赖性非常高，而作为天猫平台上数量巨多的商家之一，其对天猫平台的影响力几乎可以忽略不计，它们之间是典型的顺序依赖模式的非对称依赖模式。

2016 年底，韩都衣舍开启了二级生态发展战略，基于阿里、京东、唯品会等平台等构建的一级生态基础，依托数字化商业智能系统，为国内传统品牌、国际大牌、网红品牌、初创品牌等提供线上生态运营。韩都衣舍将自身的数据集成和管理系统、中央仓储管理系统和金牌客服团队等全面开放，为众多合作品牌、设计师提供了全链路孵化和运营服务，从而开启了"品牌商＋服务商"双轮驱动模式，从单纯的品牌运营阶段进化到互联网品牌生态运营阶段。韩都衣舍创始人赵迎光曾说："发力二级生态是一级生态的需要。作为平台方，它们不能深入介入品牌的运营，平台需要二级生态帮助它完成转化率的提升，因此平台企业对我们大力扶持。"可以看出，韩都衣舍在阿里生态系统内构建了一个平台生态系统发展所需的二级生态，韩都衣舍二级生态的存在赋能了阿里、京东等平台上的供应商，提升了其产品开发、运营和服务的能力，进而可能提升消费者在平台上的购物体验，因此形成了平台的专用性互补，提升了平台企业对其的依赖性，二者相互促进、协同共演，韩都衣舍也逐步成为阿里生态系统中的不可或缺的成员，为生态系统的健康发展做出中重要贡献。

因此，本书建议，在网络交易平台的发展过程中，平台企业要关注专用互补品及其供应商的培育，它是构建平台竞争优势、向生态化发展的必经之路。同时，平台参与者也可以通过成为平台的专用互补品提供商而提升自身影响力，与平台企业协同演化，最终将网络交易平台引领向一个健康的平台生态系统。这是实践中所观察到的网络交易平台的最佳演化方向。

第四节　小结

本章根据第三、第四、第五章所得结论，进行了网络交易平台治理结构的策略分析，同时应用解释性案例研究方法，通过实践中的案例进行策略解析。首先，基于第三章的研究结论，提出网络交易平台治理结构的设计策略，即供应商的激励机制和决策权配置要与相应的管理控制相匹配，以保证理想的治理效果，并列示了网络交易平台 4 种治理结构下的设计策略。其次，基于第四、第五章的研究结论，提出了网络交易平台治理结构的选择策略，即在网络交易平台的发展过程中，治理结构的选择要与网络交易平台的任务依赖模式相匹配。最后，基于第五章的仿真结果，从演化方式和演化方向两个方面提出了网络交易平台的演化策略，一方面网络交易平台的任务依赖模式、探索模式与治理结构的匹配决定其演化方式，另一方面网络交易平台任务元素间影响关系的改变决定其演化方向。

第七章

结论与启示

第一节 研究结论

治理结构是保证契约关系完整性和可靠性的组织框架，它定义了不同组织的组织属性，是组织治理的逻辑起点。本书围绕网络交易平台治理结构，利用探索性案例研究探索网络交易平台的组织属性，利用定性比较分析静态探求实践中网络交易平台治理结构选择机理，利用 NK 模型进行网络交易平台治理结构的动态绩效分析，探寻网络交易平台的最优演化方式。

基于以上研究工作，本书得到如下研究结论。

（1）剖析了网络交易平台治理结构的特征，设计了网络交易平台组织属性识别工具。基于治理结构的比较制度分析方法，本书识别出网络交易平台治理结构的 4 种类型。其中全自营式平台表现为层级治理特征，而集贸式、商城式与半自营式平台表现为混合治理特征。在经典组织理论中，市场、层级及混合制的治理结构处于一个连续谱系中，企业和市场各居谱系的一端，在这个谱系中，所有权自治、激励机制以及管理控制在面临不同治理结构时的变化是一致的。然而在网络交易平台治理结构中，所有权自治、激励机制以及管理控制高低不同的组态产生了 4 种治理结构类型，映射了 4 种现实中存在的网络交易平台，而集贸式、商城式和半自营式治理结构明显已脱离了经典组织理论的中心连续谱系。

网络交易平台治理结构表现出了与传统治理结构不同的新特征。首先，市场治理的高能激励与层级治理的强管控在网络交易平台治理结构中相互融合，成为其与传统治理结构区别的一大特点。其次，传统治理结构的协调依靠价格或权威，而在网络交易平台的集贸式和商城式两种治理结构中则出现了通过规则协调的新模式——平台企业基于平台所有权而衍生出的权力使其通过标准化的契约、规则设置及变更来实现平台上各方之间的协调，逐渐成为平台协调的主要方式。最后，不同的治理结构会带来不同的平台优势，平台要持续发展，既需要保证能带来网络效应的产品或服务的多样性，又需要保障能提高平台质量的产品和服务品质，因此，同一网络交易平台呈现多种治理结构并存的多重性特征。

本书通过构建网络交易平台治理结构的靶盘模型来指导平台治理实践。本书使用"靶盘"的隐喻来表达平台治理者在网络交易平台治理过程中要做到有的放矢。平台治理者应根据"靶盘"中不同区域的治理结构类型，组合3种治理工具之箭，并准确投射到相应区域中，从而达到治理工具之间及其与靶盘之间的匹配，实现理想的治理效果。

（2）识别了网络交易平台治理结构选择的核心要素及边缘要素，厘清了网络交易平台治理结构选择的解释机制。基于系统竞争范式，把需方客户视为平台的目标顾客，而供应商是与平台企业协同创造需方用户价值的合作伙伴，结合传统治理结构选择的研究成果以及平台实践，通过平台内外因素的考量，基于交易成本理论和组织协调理论，从合作和协调两个视角选择关系专用性投资、任务的相互依赖性、任务的复杂性以及需求的不确定性，考虑网络交易平台治理结构的选择。

经过对37个平台的治理结构及其影响因素的构型分析发现：第一，平台企业的关系专用性投资以及平台企业与供应商之间的相互依赖性是决定网络交易平台治理结构选择的核心要素，因此交易成本理论与组织协调理论是解释网络交易平台治理结构选择的核心视角。第二，核心变量并无法必然导致平台企业治理结构的某种选择，需求的不确定性、任务复杂性以及供应商的关系专用性投资在选择中也提供了辅助贡献。其中需求的不确定性可以利用长尾理论进行解释，在开放性的治理结构中，长尾市场能够更充分地被激活，而与任务复杂性导致网络治理产生的论断相反，销售任务完成的复杂性反而促进了平台企业的自营。因此，交易成本理论和组织协调理论对网络交易平台背景下的治理结构选择依然具有主要的解释力，但是网络交易平台背景下治理结构的选择也体现了新平台经济的特征，需要平台理论中的基础理论——长尾理论的辅助解释，还表现出与传统理论相悖的任务复杂性论断。

（3）实现了治理结构与核心选择要素的动态匹配，探寻了网络交易平台演化方式与方向。我们在基于网络交易平台治理结构选择的影响因素分析中发现，现实中平台企业的关系专用性投资以及平台企业与供应商之间的相互依赖性是决定网络交易平台治理结构选择的核心要素。本书以平台企业与供应商之间的相互依赖程度为起点，将网络交易平台概念化为相互依赖的任务网络，继而利用 NK 模型输入时间变量对网络交易平台治理结构与其核心要素进行动态匹配，从而探寻网络交易平台的最优演化方式。

研究发现：第一，随着时间的推移，在集合依赖模式下集贸式治理结构达到了绩效最优；在顺序依赖模式下，商城式治理结构达到了绩效最优；而在互惠依赖模式下，半自营治理结构达到了绩效最优。平台企业与供应商任务之间相互依赖的模式可以对治理结构的相对价值产生重大影响。因为不同的依赖模式产生了不同的协作需求，而不同的治理结构可以供给不同的协作能力，因此只有二者相匹配时，才能实现网络交易平台的协作成本最低、绩效最优。第二，在网络交易平台中，不同的探索策略与治理结构的组合，产生了网络交易平台的绩效差异。平台探索存在不同的探索模式，依赖模式、探索模式与治理结构存在最优匹配关系。在集合依赖模式下，在采取集贸式治理结构的网络交易平台中平台企业通过渐进式探索更容易实现平台的最优绩效；在顺序依赖模式下，采取商城式治理结构的网络交易平台通过平台企业与供应商同时进行探索的方式更容易实现平台的最优绩效；在互惠依赖模式下，在采取自营式治理结构的网络交易平台中平台企业通过跨越式探索更容易实现平台的最优绩效。

第二节 管理启示

以上研究结论为实践中平台企业进行网络交易平台组织设计及治理结构选择提供了以下几方面的理论指导及建议。

第一，网络交易平台治理结构具有多样性，相同的产品和服务在不同的平台上交易的治理模式不同，但是无论选择或设计何种治理结构，对供应商的激励机制和决策权配置都要与相应的管理控制实现匹配。如滴滴出行平台上事故频发的原因就在于对司机管控的薄弱，司机拥有高度的所有权自治，但是与之匹配的是外包式客服系统，不规范的投诉机制与反馈机制，薄弱的司机输入控制机制，甚至在有顾客投诉的前提下司机依然正常运营。因此，对于任何一个平台企业而言，在治理平台时，不能仅关注激活平台组织的网络效应而忽视治理结构的设计。如果平台企业的治理结构设计能力有限，可以构建层级控制较强的半自营或全自营式治理结构的平台，通过权威实现协调，降低供应商的机会主义行为倾向甚至是违法行为动机。

第二，网络交易平台治理结构的选择受到众多因素的影响，其中平台企业与供应商之间任务的相互依赖程度是治理结构选择时考虑的核心因素。鉴于平台的所有权考虑，网络交易平台的治理结构一般是由平台企业主导选择。在平台构建与演化过程中，平台企业需要根据平台上其与供应商任务之间的依赖程度进行治理结构的选择。任务依赖程度较高的平台往往选择控制力更强的自营式或半自营式结构，如生鲜平台，而任务依赖程度较低的平台则可以选择相互独立运作的集贸式或商城式结构，往往可以达到绩效最优。而在网络交易平台发展演化过程中，平台企业与供应商任务之间的依赖关系并非一成不变，往往会随着平台及社会经济的变化而发生变化，因此平台企业也需要根据依赖关系的变化而进行治理结构的相应改变。如在京东的发展过程中，平台企业对供应商的任务依赖程度随着平台实力的增强以及社会物流能力的提高而逐步降低，因此为了发挥供应商的专业优势，同时减轻平台企业的运营压力，京东将最初的全自营式治理结构逐步转向半自营式治理结构，实现了平台的更高绩效水平。

第三，网络交易平台演化的一个重要驱动因素就是对网络交易平台的探索，鉴于平台企业拥有平台所有权，其在网络交易平台探索中发挥着主导作用。虽然网络交易平台的探索模式有多种，但是探索并非越广泛越好，因为组织实施探索策略时，需要以组织的协作能力为基础，而高质量的合作关系以及威权关系、信息共享、决策和反馈机制的规范和操作等协调能力有利于统一和协调合作伙伴的努力，形成组织广泛探索的基础。因此随着网络交易平台探索越来越广泛，平台企业一方面需要通过治理结构的变革（往往是转向层级特征更明显的网络交易平台治理结构）提升其平台控制力，另一方面需要通过设立平台信息共享机制提高平台整体信息沟通能力，进而提高平台的协作能力。

第四，行业内规模较大的网络交易平台都是多重治理结构的运营模式。具有多重性的网络交易平台的发展过程其实是一个典型的互补品培育过程，培育通用互补品及互补商，实现平台商品和服务的多样性，培育专用互补品及互补商，实现顾客在平台的优质体验。在互补品的培育过程中，平台组织架构的边界是一个从闭合到逐步开放，或从完全开放到相对开放的过程，因此产生了与平台组织架构相匹配的多重治理结构。如阿里巴巴集团在淘宝网的发展过程中，一方面不断培育产品供应商，另一方面加大力气培育各种要素互补品，包括支付宝、菜鸟物流、蚂蚁金服、阿里妈妈、阿里云等，同时不断增补完善平台规则，从而为阿里巴巴集团的多重治理结构平台的成功运营奠定坚实的基础。因此，对于现实中的平台企业而言，在平台的不断发展中，无论是从封闭走向开放，还是从开放走向相对开放，要关注通用互补品培育，同时更要注重专用互补品的培育，它是构建平台竞争优势、向生态化发展的必经之路。

第三节 研究局限与未来展望

首先，本书通过案例研究、定性比较分析以及 NK 模型的模拟仿真研究网络交易平台治理结构。案例研究与定性比较分析需要搜集案例数据，但出于一手访谈数据收集难度的考虑，在案例选择上难免会遵循便利性原则，一定程度会影响研究结论的普适性；同时考虑到网络交易平台纵向绩效数据的获取困难，采取了 NK 模型的模拟仿真，虽然一定程度上解决了数据的收集难题，但不可避免地只能抽象出其最重要的特征进行建模。因此不能完全替代基于实践数据的实证检验。但本书通过案例研究、定性比较分析与模拟仿真得到了明确的预测结果，可以更进一步推动理论向实证检验的方向发展。因此，未来可以在平台企业公开数据进一步增加及数据挖掘技术进一步提高的基础上，应用定量分析方法进行网络交易平台治理结构的研究。

其次，不同功能的平台内部组织制度可能存在差异，本书主要以网络交易平台为研究对象，未来研究可向技术创新平台，如创客平台、操作系统平台、开源技术平台等情景拓展，进一步验证平台治理结构的研究框架。

最后，本书主要基于经典组织理论视角，聚焦于网络交易平台的核心交互，即平台企业与供应商之间的交互，未来可从生态系统视角考虑网络交易平台的更多参与主体，对平台治理结构理论进行补充和完善。

附录

利用 METLAB 对 NK 模型进行仿真的代码

```
emap = [
    1 1 0 1 1;
    1 1 1 1 1;
    1 1 1 1 1;
    1 1 1 1 1;
    1 1 1 0 1
    ];
lamda = [0.1924 0.1994 0.2147 0.1985 0.1950];

% ************** 开始计算 **************************
dist = @ (m,n) rand(m,n);
scape = NK_Landscape.make(emap,dist);   disp(scape);
LookupTable = Lookup(scape);

n_genes = scape.numberOfGenes();
genome = scape.makeRandomGenome(n_genes);
% genome = [0 0 0 0 1];
fitness = scape.fitness(genome,lamda);t = 0;
still_climbing = true;% = 1,开关
while still_climbing
    fprintf('  t = %2d   :   F(%s)
= %.6f\n',t,sprintf('% d',genome),scape.fitness(genome,lamda));
j_start = randi(n_genes);
        improvement_found = false;
```

```
for j = j_start:j_start + n_genes
            i = mod(j - 1,n_genes) + 1;
        trial_genome = NK_Landscape. flipAllele(genome,i);
        trial_fitness = scape. fitness(trial_genome,lamda);
        if trial_fitness > fitness
            improvement_found = true;
            genome = trial_genome;
            fitness = trial_fitness;
            t = t + 1;
            break;
        end
    end
    still_climbing = improvement_found;end
```

```
% ****************画地形景观图  ********************
X = [0 0 0;0 0 1;0 1 0;0 1 1;1 0 0;1 0 1;1 1 0;1 1 1];
Y = [0 0;0 1;1 0;1 1];
nX = size(X,1);
nY = size(Y,1);
Y1 = [];
X1 = [];
F = [];
for j = 0:nY - 2
y = [j,j + 1,j + 1,j];
    for i = 0:nX - 2
x = [i,i,i + 1,i + 1];
X1 = [X1;x];
Y1 = [Y1;y];
    end
end
n1 = size(X1,1);
n2 = size(Y1,1);
```

```
for i = 1:n1
    g1 = [X((X1(i,1)+1),:),Y((Y1(i,1)+1),:)];
    g2 = [X((X1(i,2)+1),:),Y((Y1(i,2)+1),:)];
    g3 = [X((X1(i,3)+1),:),Y((Y1(i,3)+1),:)];
    g4 = [X((X1(i,4)+1),:),Y((Y1(i,4)+1),:)];
z1 = scape.fitness(g1,lamda);
z2 = scape.fitness(g2,lamda);
z3 = scape.fitness(g3,lamda);
z4 = scape.fitness(g4,lamda);
Z1 = [z1 z2 z3 z4];
%       fill3(X1(i,:),Y1(i,:),Z1,[0.49 0.18 0.56])
fill3(X1(i,:),Y1(i,:),Z1,[0 0.45 0.74])
    hold on
    plot3(X1(i,:),Y1(i,:),Z1,'*')
    hold on
end
axis([0 8 0 4 0 1])
set(gca,'ZTick',0:0.2:1);
set(gca,'XTick',0:1:8);
set(gca,'XTicklabel',{'000','001','010','011','100','101','110','111'})
set(gca,'YTick',0:4);
set(gca,'YTicklabel',{'00','01','10','11'})
set(gca,'FontSize',12);
grid on

emap = [
1,1,1,0,0,0;   % k1 = 3
1,1,1,0,0,0;   % k2 = 2
1,1,1,0,0,0;   % k3 = 2
    0,0,0,1,1,1;   % k4 = 2
    0,0,0,1,1,1;   % k5 = 2
    0,0,0,1,1,1;   % k6 = 2
```

```
];
lamda = [0. 167 0. 167 0. 167 0. 167 0. 167 0. 167];


******************************************************
dist = @ (m,n) rand(m,n);
scape = NK_Landscape. make(emap,dist);
disp(scape);
LookupTable = Lookup(scape);
N = 100000;
TGGF = ones(N,20);
TGGF1 = ones(N,20);
SGGF = zeros(1,20);
SGGF1 = zeros(1,20);
mean_GF = [];mean_GF1 = [];
mean_GGF = zeros(1,20);
for ni = 1:N


X = [0 0 0;0 0 1;0 1 0;0 1 1;1 0 0;1 0 1;1 1 0;1 1 1];
Y = [0 0 0;0 0 1;0 1 0;0 1 1;1 0 0;1 0 1;1 1 0;1 1 1];
nX = size(X,1);
nY = size(Y,1);
x1 = [1 2 3 4 5 6 7 8];
y1 = [1 2 3 4 5 6 7 8];
F = [];
F2 = [];
G = [];
G1 = [];
GG = [];
GG1 = [];
GF = [];
GF1 = [];
GFF = [];
```

```
Maxf = 0;
Minf = 1;
Maxf2 = 0;
Minf2 = 1;
Sumf = 0;
Sumf2 = 0;
gf = [ ];
gf2 = [ ];
ti = 0;


for i = 1 : nX
    for j = 1 : nY
        genes = [ X( i , : ) , Y( j , : ) ];
        z1 = scape. fitness( genes , lamda );
RatioMatch = RatioofMatch( 1 , 4 );      z2 = 2 * z1 - abs( RatioMatch ) * z1;
        G = [ G ; genes ];
        GG( i , j ) = z1;
        ti = ti + 1;
        GF( ti ) = z1;
        GG1( i , j ) = z2;
        GF1( ti ) = z2;
        gf = [ genes , z1 ];
        gf2 = [ genes , z2 ];
        F = [ F ; gf ];
F2 = [ F2 ; gf2 ];
        Sumf = Sumf + z1;
        Sumf2 = Sumf2 + z2;
        if Maxf < = z1
            Maxf = z1;
        end
        if Minf > = z1
            Minf = z1;
```

```
            end
        if Maxf2 < = z2
                Maxf2 = z2;
        end
        if Minf2 > = z2
                Minf2 = z2;
        end
    end
end


TMAXF  = TMAXF + Maxf;
TMAXF1  = TMAXF1 + Maxf2;
TMINF  =  TMINF + Minf;
TMINF1  =  TMINF1 + Minf2;
TSUMF  =  TSUMF + Sumf;
TSUMF1  =  TSUMF1 + Sumf2;
TGF  = TGF + GF;
TGF1  = TGF1 + GF1;
TGGF( ni, :)  = TGGF( ni, :)  * Maxf2;
% fprintf('\n 有限视距的随机爬山寻优过程:\n');


n_genes = scape. numberOfGenes( );
gi  =  randi( 64);
genome  =  G( gi, :);
fitness  =  GF1( gi);
% - - - - - - - - - - - - - - - - - - - - - - - - - - - - - - - -
t = 0;
still_climbing = true;
for tt = 1:10
    % j_start = randi( n_genes);        j_start = randi(3);
    % improvement_found = false;            GFF  =  [ GFF, fitness];
    t = t + 1;
```

```
        % genome
G1  = [ G ; genome ] ;
    for jt = j_start : j_start + n_genes
        % mi = mod ( jt - 1 , n_genes ) + 1 ;
        mi = mod ( jt - 1 , 3 ) + 1 ;
        trial_genome = NK_Landscape. flipAllele ( genome , mi ) ;

        for js = 1 : 64
            findg = isequal ( G ( js , : ) , trial_genome ) ;
          if findg = = 1
            trial_fitness = GF1 ( js ) ;
            break ;
          end
        end
        if trial_fitness > fitness
            % improvement_found = true ;
            genome = trial_genome ;
            fitness = trial_fitness ;
            GFF  = [ GFF , fitness ] ;
            TGGF ( ni , t ) = fitness ;
             % TGGF1 ( ni , t ) = fitness ;
            break ;
        end

    end

    % still_climbing = improvement_found ;
end
```

主要参考文献

［1］阿里研究院. 平台经济［M］. 北京：机械工业出版社，2016.

［2］奥利弗E. 威廉姆森. 治理机制［M］. 石烁译. 北京：机械工业出版社，2016.

［3］奥利弗E. 威廉姆森. 资本主义经济制度［M］. 段毅才，王伟译. 北京：商务印书馆，2018.

［4］白景坤，王健，张贞贞. 平台企业网络自组织形成机理研究——以淘宝网为例［J］. 中国软科学，2017（5）：171－180.

［5］鲍舟波. 未来已来：数字化时代的商业模式创新［M］. 北京：中信出版社，2018.

［6］伯努瓦·里豪克斯，查尔斯C. 拉金. QCA设计原理与应用：超越定性与定量研究的新方法［M］. 杜运周等译. 北京：机械工业出版社，2017.

［7］W. 理查德·斯科特，杰拉尔德·F. 戴维斯. 组织理论：理性、自然与开放系统的视角［M］. 高俊山译. 北京：中国人民大学出版社，2011.

［8］陈永伟. 平台经济的竞争与治理问题：挑战与思考［J］. 产业组织评论，2017，11（3）：137－154.

［9］杜玉申，杨春辉. 平台网络管理的"情境—范式"匹配模型［J］. 外国经济与管理，2016，38（8）：27－45.

［10］杜运周，贾良定. 组态视角与定性比较分析（QCA）：管理学研究的一条新道路［J］. 管理世界，2017（6）：155－167.

［11］法约尔. 工业管理与一般管理［M］. 迟力耕，张璇译. 北京：机

械工业出版社,2013.

[12] 华中生.网络环境下的平台服务及其管理问题 [J].管理科学学报,2013,16 (12):1-12.

[13] 井辉,席酉民.组织协调理论研究回顾与展望 [J].管理评论,2006,18 (02):50-56.

[14] 克里斯安德森.长尾理论:为什么商业的未来是小众市场 [M].乔江涛等译.北京:中信出版社,2015.

[15] 李柏洲,徐广玉.知识粘性、服务模块化和知识转移绩效关系的研究 [J].科学学研究,2013,31 (11):1671-1679.

[16] 李宏,孙道军.平台经济新战略 [M].北京:中国经济出版社,2018.

[17] 李佩,魏航,王广永等.拥有自有品牌零售商的平台开放策略研究 [J].中国管理科学,2019 (3):105-115.

[18] 李佩,魏航.基于信誉的B2C平台开放和网络零售商进驻策略研究 [J].中国管理科学,2017,25 (3):172-180.

[19] 李玉倩,陈万明,蔡瑞林.交易成本视角下产教融合平台治理研究 [J].高等工程教育研究,2020 (5):71-77.

[20] 李志刚.创京东 [M].北京:中信出版社,2015.

[21] 刘林青,谭畅,江诗松,雷昊.平台领导权获取的方向盘模型——基于利丰公司的案例研究 [J].中国工业经济,2015 (1):134-146.

[22] 吕文晶,陈劲,汪欢吉.组织间依赖研究述评与展望 [J].外国经济与管理,2017,39 (2):72-85.

[23] 罗伯特·K.殷.案例研究:设计与方法 [M].周海涛等译.重庆:重庆大学出版社,2014.

[24] 罗伯特·K.殷.案例研究方法的应用 [M].周海涛等译.重庆:重庆大学出版社,2014.

[25] 马尔科·扬西蒂,罗伊·莱维恩.共赢:商业生态系统对企业战略、创新和可持续的影响 [M].王凤彬,王保伦等译.北京:商务印书馆,2006.

[26] 彭本红.平台企业的合同治理、关系治理与开放式服务创新绩效——基于商业生态系统视角 [J].软科学,2016,30 (5):78-81+118.

［27］彭毫，罗珉．平台生态：价值创造与价值获取［M］．北京：北京燕山出版社，2020．

［28］孙国强等．网络组织理论与治理研究［M］．北京：经济科学出版社，2016．

［29］孙国强．关系、互动与协同：网络组织的治理逻辑［J］．中国工业经济，2003（11）：14－20．

［30］汪旭晖，张其林．平台型电商企业的温室管理模式研究——基于阿里巴巴集团旗下平台型网络市场的案例［J］．中国工业经济，2016（11）：108－125．

［31］汪旭晖，张其林．平台型网络市场"平台—政府"双元管理范式研究——基于阿里巴巴集团的案例分析［J］．中国工业经济，2015（3）：135－147．

［32］汪旭晖，张其林．平台型网络市场中的"柠檬问题"形成机理与治理机制——基于阿里巴巴的案例研究［J］．中国软科学，2017（10）：31－52．

［33］王超贤，李强治．中国网络零售组织的纵向均衡模式研究［J］．当代财经，2015，372（11）：65－74．

［34］王超贤．中美网络零售组织模式本质差异的识别与刻画［J］．中国科技论坛，2016（4）：140－146．

［35］王法涛，李俊青．基于全球价值链理论的电子商务产业链模式选择［J］．中国流通经济，2015（10）：56－63．

［36］王凤彬，江鸿，王璁．央企集团管控架构的演进：战略决定、制度引致还是路径依赖？——一项定性比较分析（QCA）尝试［J］．管理世界，2014（12）：92－114＋187－188．

［37］王节祥，蔡宁，盛亚．龙头企业跨界创业、双平台架构与产业集群生态升级——基于江苏宜兴"环境医院"模式的案例研究［J］．中国工业经济，2018（2）：157－175．

［38］王小芳，纪汉霖．用户部分多归属条件下双边市场平台纵向一体化策略［J］．系统工程，2011，29（3）：21－26．

［39］王勇，戎珂．平台治理：在线市场的设计、运营与监管［M］．北京：中信出版社，2018．

［40］吴建祖，廖颖．NK模型及其在组织与战略管理研究中的应用

[J]. 外国经济与管理, 2010, 32 (10): 34 - 41.

[41] 吴义爽, 王节祥. 平台组织、战略与产业发展 [M]. 北京: 经济管理出版社, 2017.

[42] 吴义爽. 能力差异、网络杠杆与平台企业竞争优势的共同演化 [J]. 科学学与科学技术管理, 2019, 40 (10): 38 - 53.

[43] 徐迪. 商务模式创新: 复杂性研究 [M]. 北京: 经济管理出版社, 2005.

[44] 徐晋. 平台产业经典案例与解析 [M]. 上海: 上海交通大学出版社, 2012.

[45] 亚当·斯密. 国富论 [M]. 郭大力, 王亚南译. 北京: 商务印书馆, 2015.

[46] 杨瑞龙, 杨其静. 企业理论: 现代观点 [M]. 北京: 中国人民大学出版社, 2005.

[47] 詹姆斯 G. 马奇, 赫伯特 A. 西蒙. 组织 [M]. 邵冲译. 北京: 机械工业出版社, 2013.

[48] 詹姆斯·弗·穆尔. 竞争的衰亡: 商业生态系统时代的领导与战略 [M]. 梁骏, 杨飞雪等译. 北京: 北京出版社, 1999.

[49] 詹姆斯·汤普森. 行动中的组织 [M]. 敬义嘉译. 上海: 上海人民出版社, 2007.

[50] 张维迎. 理解公司: 产权、激励与治理 [M]. 上海: 上海人民出版社, 2013.

[51] 赵文, 李月娇, 赵会会. 政府研发补贴有助于企业创新效率提升吗? ——基于模糊集定性比较分析 (fsQCA) 的研究 [J]. 研究与发展管理, 2020, 32 (2): 37 - 47.

[52] 赵宇楠, 程震霞, 井润田. 平台组织交互设计及演化机制探究 [J]. 管理科学, 2019, 32 (3): 3 - 15.

[53] 中欧案例中心. 平台链接: 生态圈与大数据应用 [M]. 上海: 复旦大学出版社, 2017.

[54] Abhishek V., Jerath K., Zhang Z. J.. Agency Selling or Reselling? Channel Structures in Electronic Retailing [J]. Management Science, 2016, 62 (8): 2259 - 2280.

[55] Abhishek V., Jerath K., Zhang Z. J.. To Platform Sell or Resell?

Channel Structures in Electronic Retailing [R]. Working Paper, 2012.

[56] Adner R. , Kapoor R. . Value Creation in Innovation Ecosystems: How the Structure of Technological Interdependence Affects Firm Performance in New Technology Generations [J]. Strategic Management Journal, 2010, 31 (3): 306 – 333.

[57] Aggarwal V. A. , Siggelkow N. , Singh H. . Governing Collaborative Activity: Interdependence and the Impact of Coordination and Exploration [J]. Strategic Management Journal, 2011, 32 (7): 705 – 730.

[58] Aiken M. T. . Coordinating Human Services: New Strategies for Building Service Delivery Systems [M]. San Francisco: Jossey-Bass Publishers, 1975.

[59] Aldrich H. . Organizations and Environments [M]. Redwood: Stanford University Press, 2008.

[60] Armstrong M. . Competition in Two-sided Markets [J]. Rand Journal of Economics, 2006, 37 (3): 668 – 691.

[61] Artz K. W. , Brush T. H. . Asset Specificity, Uncertainty and Relational Norms: An Examination of Coordination Costs in Collaborative Strategic Alliances [J]. Journal of Economic Behavior & Organization, 2000, 41 (4): 337 – 362.

[62] Baker G. P. , Gibbons R. , Murphy K. J. . Strategic Alliances: Bridges between "Islands of Conscious Power" [J]. Journal of the Japanese and International Economies, 2008, 22 (2): 146 – 163.

[63] Baldwin C. Y. , Clark K. B. . Managing in an Age of Modularity [J]. Harvard Business Review, 1997, 75 (5): 84 – 93.

[64] Baldwin C. Y. , Woodard C. J. . The Architecture of Platforms: A Unified View [A]. Gawer A. . Platforms, Markets and Innovation [C]. Cheltenham: Edward Elgar Publishing, 2009.

[65] Baldwin C. Y. . Where do Transactions Come From? Modularity, Transactions, and the Boundaries of Firms [J]. Industrial and Corporate Change, 2008, 17 (1): 155 – 195.

[66] Barnard, Chester. The Functions of the Executive [M]. Cambridge: Harvard University Press, 1938.

[67] Bigelow L. S. . Transaction Alignment and Survival: Performance Im-

plications of Transaction Cost Alignment [R]. Working paper, Olin School of Business, Washington University, 2003.

[68] Boudreau K. J. , Hagiu A. . Platform Rules: Multi-sided Platforms as Regulators [A]. Gawer A. . Platforms, markets and innovation [C]. Cheltenham Edward Elgar Publishing, 2009.

[69] Boudreau K. . Open Platform Strategies and Innovation: Granting Access vs. Devolving Control [J]. Management Science, 2010, 56 (10): 1849 – 1872.

[70] Carson S. J. , Madhok A. , Wu T. . Uncertainty, Opportunism, and Governance: The Effects of Volatility and Ambiguity on Formal and Relational Contracting [J]. Academy of Management Journal, 2006, 49 (5): 1058 – 1077.

[71] Castañer X. , Mulotte L. , Garrette B. , et al. Governance Mode vs. Governance Fit: Performance Implications of Make-or-ally Choices for Product Innovation in the Worldwide Aircraft Industry, 1942 – 2000 [J]. Strategic Management Journal, 2014, 35 (9): 1386 – 1397.

[72] Ceccagnoli M. , Forman C. , Huang P. , Wu DJ. . Cocreation of Value in a Platform Ecosystem: The Case of Enterprise Software [J]. MIS Quarterly, 2012, 36: 263 – 290.

[73] Celo S. , Nebus J. , Wang I. K. . MNC Structure, Complexity, and Performance: Insights from NK Methodology [J]. Journal of International Management, 2015, 21 (3): 182 – 199.

[74] Chen H. , Chen T. J. . Governance Structures in Strategic Alliances: Transaction Cost Versus Resource-based Perspective [J]. Journal of World Business, 2003, 38 (1): 1 – 14.

[75] Cyert R. M. , March J. G. . A Behavioral Theory of the Firm [J]. University of Illinois at Urbana-Champaign's Academy for Entrepreneurial Leadership Historical Research Reference in Entrepreneurship, 1963.

[76] Dacin M. T. , Ventresca M. J. , Beal B. D. . The Embeddedness of Organizations: Dialogue & Directions [J]. Journal of Management, 1999, 25 (3): 317 – 356.

[77] Dattée B. , Alexy O. , Autio E. . Maneuvering in Poor Visibility:

How Firms Play the Ecosystem Game When Uncertainty is High［J］. Academy of Management Journal, 2018, 61 (2): 466 –498.

［78］David R. J., Han S. K.. A Systematic Assessment of the Empirical Support for Transaction Cost Economics［J］. Strategic Management Journal, 2004, 25 (1): 39 –58.

［79］Dekker H. C.. Control of Inter-organizational Relationships: Evidence on Appropriation Concerns and Coordination Requirements［J］. Accounting Organizations and Society, 2004, 29 (1): 27 –49.

［80］De Weck O. L., Roos D., Magee C. L.. Engineering Systems: Meeting Human Needs in a Complex Technological World［M］. Cambridge: Mit Press, 2011.

［81］Dyer J. H., Chu W.. The Role of Trustworthiness in Reducing Transaction Costs and Improving Performance: Empirical Evidence from the United States, Japan, and Korea［J］. Organization Science, 2003, 14 (1): 57 –68.

［82］Dyer J. H., Singh H., Hesterly W. S.. The Relational View Revisited: A Dynamic Perspective on Value Creation and Value Capture［J］. Strategic Management Journal, 2018, 39 (12): 3140 –3162.

［83］Dyer J. H., Singh H.. The Relational View: Cooperative Strategy and Sources of Interorganizational Competitive Advantage［J］. Academy of Management Review, 1998, 23 (4): 660 –679.

［84］Dyer J. H.. Effective Interfirm Collaboration: How Firms Minimize Transaction Costs and Maximize Complements［J］. Strategic Management Journal, 1997, 23 (8): 707 –725.

［85］Dyer J. H.. Specialized Supplier Networks as a Source of Competitive Advantage: Evidence from the Auto Industry［J］. Strategic Management Journal, 1996, 17 (4): 271 –291.

［86］Ebers M., Oerlemans L.. The Variety of Governance Structures beyond Market and Hierarchy［J］. Journal of Management, 2016, 42 (6): 1491 –1529.

［87］Emery F. E., Trist E. L.. The Causal Texture of Organizational Environments［J］. Human Relations, 1965, 18 (1): 21 –32.

［88］Ethiraj S. K., Levinthal D.. Modularity and Innovation in Complex Systems［J］. Management Science, 2004, 50 (2): 159 –173.

［89］ Evans, D. S.. Governing Bad Behavior by Users of Multi-sided Platforms ［J］. Berkeley Technology Law Journal, 2012, 27 (2): 1201 – 1250.

［90］ Fenwick M., McCahery J. A., Vermeulen E. P. M.. The End of "Corporate" Governance: Hello "platform" Governance ［J］. European Business Organization Law Review, 2019, 20 (1): 171 – 199.

［91］ Fiss P. C.. A Set-theoretic Approach to Organizational Configurations ［J］. Academy of Management Review, 2007, 32 (4): 1180 – 1198.

［92］ Fiss P. C.. Building Better Causal Theories: A Fuzzy Set Approach to Typologies in Organization Research ［J］. Academy of Management Journal, 2011, 54 (2): 393 – 420.

［93］ Galbraith J. R.. Organization Design ［A］. Gittell J. H.. Sociology of Organizations: Structures and Relationships ［C］. Thousand Oaks: Pine Forge Press, 2012.

［94］ Ganco M., Hoetker G.. NK Modeling Methodology in the Strategy Literature: Bounded Search on a Rugged Landscape ［A］. Bergh D. D., Ketchen Jr D. J.. Research Methodology in Strategy and Management ［C］. Bingley: Emerald Group Publishing, 2009.

［95］ Gawer A., Cusumano M. A.. Industry Platforms and Ecosystem Innovation ［J］. Journal of Product Innovation Management, 2014, 31 (3): 417 – 433.

［96］ Gawer A.. Bridging Differing Perspectives on Technological Platforms: Toward an Integrative Framework ［J］. Research Policy, 2014, 43 (7): 1239 – 1249.

［97］ Gawer A.. Platform Dynamics and Strategies: From Products to Services ［A］. Gawer A.. Platforms, Markets and Innovation ［C］. Cheltenham: Edward Elgar Publishing, 2009.

［98］ Ghoshal S., Moran P.. Bad for practice: A Critique of the Transaction Cost Theory ［J］. The Academy of Management Review, 1996, 21 (1): 13 – 47.

［99］ Grandori A., Soda G.. Inter-firm Networks: Antecedents, Mechanisms and Forms ［J］. Organization Studies, 1995, 16 (2): 183 – 214.

［100］ Granovetter M.. Economic Action and Social Structure: The Problem of Embeddedness ［J］. American Journal of Sociology, 1985, 91 (3): 481 – 510.

［101］ Gulati, Ranjay, Franz Wohlgezogen, and Pavel Zhelyazkov. The Two Facets of Collaboration: Cooperation and Coordination in Strategic Alliances ［J］. Academy of Management Annals, 2012 (6): 531 –583.

［102］ Gulati R., Lawrence P. R., Puranam P.. Adaptation in Vertical Relationships: Beyond Incentive Conflict ［J］. Strategic Management Journal, 2005, 26 (5): 415 –440.

［103］ Gulati R., Puranam P., Tushman M. L.. Meta-organizational Design: Rethinking Design in Inter-organizational and Community Contexts ［J］. Strategic Management Journal. 2012, 33 (6): 571 –586.

［104］ Gulati R., Singh H.. The Architecture of Cooperation: Managing Coordination Costs and Appropriation concerns in Strategic Alliances ［J］. Administrative Science Quarterly, 1998, 43 (4): 781 –814.

［105］ Hagiu A., Lee R. S.. Exclusivity and Control ［J］. Journal of Economics & Management Strategy, 2011, 20 (3): 679 –708.

［106］ Hagiu A., Rothman S.. Network Effects aren't Enough ［J］. Harvard Business Review, 2016, 94 (4): 64 –71.

［107］ Hagiu A., Wright J.. Marketplace or Reseller? ［J］. Management Science, 2015b, 61 (1): 184 –203.

［108］ Hagiu A., Wright J.. Multi-sided platforms ［J］. International Journal of Industrial Organization, 2015a, 43 (11): 162 –174.

［109］ Hagiu A.. Merchant or Two-sided Platform? ［J］. Review of Network Economics, 2007, 6 (2): 1 –19.

［110］ Hayek, Friedrich. The Use of Knowledge in Society ［J］. American Economic Review, 1945, 35 (9): 519 –530.

［111］ Holland J. H.. Genetic Algorithms ［J］. Scientific American, 1992, 267 (1): 66 –73.

［112］ Holland J. H.. Hidden Order: How Adaptation Builds Complexity ［M］. Boston: Addison Wesley Longman Publishing, 1996.

［113］ Hou H., Shi Y.. Ecosystem-as-structure and Ecosystem-as-coevolution: A Constructive Examination ［J］. Technovation, 2020, 100 (2): 193 –204.

［114］ Iansiti M., Levien R.. The Keystone Advantage: What the New Dynamics of Business Ecosystems Mean for Strategy, Innovation, and Sustainability [M]. Cambridge: Harvard Business School Press, 2004.

[115] Jacobides M. G., Cennamo C., Gawer A.. Towards a Theory of Ecosystems [J]. Strategic Management Journal, 2018, 39 (8): 2255 – 2276.

[116] Jacobides M. G., Winter S. G.. Entrepreneurship and Firm Boundaries: The Theory of a Firm [J]. SSRN Electronic Journal, 2005, 44 (7): 1213 – 1241.

[117] Jiang B., Jerath K., Srinivasan K.. Firm Strategies in the "Mid tail" of Platform-based Retailing [J]. Marketing Science, 2011, 30 (5): 757 – 775.

[118] Jin C., Chen J., Goh K. Y., et al. When do Sellers Bifurcate from Electronic Multisided Platforms? The Effects of Customer Demand, Competitive Intensity, and Service Differentiation [J]. Information & Management, 2014, 51 (8): 972 – 983.

[119] Johnson J. P.. The Agency and Wholesale Models in Electronic Content Markets [J]. International Journal of Industrial Organization, 2020, 69: 581 – 612.

[120] Jones C., Hesterly W. S., Borgatti S. P.. A General Theory of Network Governance: Exchange Conditions and Social Mechanisms [J]. Academy of Management Review, 1997, 22 (4): 911 – 945.

[121] Kauffman, S.. The Origin s of Order: Self-organization and Selection in Evolution [M]. New York: Oxford University Press, 1993.

[122] Klein P. G. et al. Organizational Governance Adaptation: Who is in, Who is out, and Who Gets What [J]. Academy of Management Review, 2019, 44 (1): 6 – 27.

[123] Kretschmer T., Leiponen A., Schilling M., et al. Platform Ecosystems as Meta-organizations: Implications for Platform Strategies [J]. Strategic Management Journal, 2020 (Early View Articles).

[124] Kretschmer T., Puranam P.. Integration through Incentives within Differentiated Organizations [J]. Organization Science, 2008, 19 (6): 860 – 875.

[125] Kwark Y., Chen J., Raghunathan S.. Platform or Wholesale? A Strategic Tool for Online Retailers to Benefit from Third-party Information [J].

MIS Quarterly, 2017, 41 (3): 763 – 785.

[126] Leiblein M. J. , Reuer J. J. , Dalsace F. . Do Make or Buy Decisions Matter? The Influence of Organizational Governance on Technological Performance [J]. Strategic Management Journal, 2002, 23 (9): 817 – 833.

[127] Leoni G. , Parker L. D. . Governance and Control of Sharing Economy Platforms: Hosting on Airbnb [J]. The British Accounting Review, 2019, 51 (6): 814 – 854.

[128] Levinthal D. A. . Adaptation on Rugged Landscapes [J]. Management Science, 1997, 43 (7): 934 – 950.

[129] Levinthal E. D. . Modularity and Innovation in Complex Systems [J]. LEM Papers Series, 2003, 50 (2): 159 – 173.

[130] Luo Y. . How Important are Shared Perceptions of Procedural Justice in Cooperative Alliances? [J]. Academy of Management Journal, 2005, 48 (4): 695 – 709.

[131] MacKeith J. . Interdepartmental Relations and Voluntary Organizations: An Exploration of Tensions and Why They Arise [J]. Nonprofit Management and Leadership, 1994, 4 (4): 431 – 446.

[132] Makadok R. , Coff R. . Both Market and Hierarchy: An Incentive-system Theory of Hybrid Governance Forms [J]. Academy of Management Review, 2009, 34 (2): 297 – 319.

[133] Mantin B. , Krishnan H. , Dhar T. . The Strategic Role of Third-party Marketplaces in Retailing [J]. Production & Operations Management, 2015, 23 (11): 1937 – 1949.

[134] March J. G. . Exploration and Exploitation in Organizational Learning [J]. Organization Science, 1991, 2 (1): 71 – 87.

[135] Masten S. E. . Transaction Costs, Mistakes, and Performance: Assessing the Importance of Governance [J]. Managerial and Decision Economics, 1993, 14 (2): 119 – 129.

[136] McCann J. , Galbraith J. R. . Interdepartmental Relations [A]. Handbook of Organizational Design [C]. New York: Oxford University Press, 1981.

[137] McEvily B. , Perrone V. , Zaheer A. . Trust as an Organizing Principle [J]. Organization Science, 2003, 14 (1): 91 – 103.

[138] Mcintyre D. P. , Srinivasan A. . Networks, Platforms, and Strategy: Emerging Views and Next Steps [J]. Strategic Management Journal, 2017, 38 (1): 141 – 160.

[139] Meyer M. H. , Lehnerd A. P. . The Power of Product Platforms: Building Value and Cost Leadership [M]. New York: The Free Press, 1997.

[140] Miles R. E. , Snow C. C. , Meyer A. D. , et al. Organizational Strategy, Structure, and Process [J]. Academy of Management Review, 1978, 3 (3): 546 – 562.

[141] Ménard C. . Hybrid Modes of Organization: Alliances, Joint Ventures, Networks, and Other "strange" Animals [A]. Gibbons R. &Roberts J. . The Handbook of Organizational Economics [C]. Princeton: Princeton University Press, 2013: 1075 – 1112.

[142] Ménard C. . On Clusters, Hybrids, and Other Strange Forms: The Case of the French Poultry Industry [J]. Journal of Institutional and Theoretical Economics, 1996, 152 (1): 154 – 183.

[143] Ménard C. . The Economics of Hybrid Organizations [J]. Journal of Institutional & Theoretical Economics, 2004, 160 (3): 345 – 376.

[144] Moore J. F. . Business Ecosystems and the View from the Firm [J]. Antitrust Bulletin, 2006, 51 (1): 31 – 75.

[145] Nelson R. R. . An Evolutionary Theory of Economic Change [M]. Cambridge: Harvard University Press, 1985.

[146] Nickerson J. A. , Silverman B. S. Why Firms Want to Organize Efficiently and What Keeps Them from Doing So: Inappropriate Governance, Performance, and Adaptation in a Deregulated Industry [J]. Administrative Science Quarterly, 2003, 48 (3): 433 – 465.

[147] Okhuysen G. A. , Bechky B. A. . Coordination in Organizations: An Integrative Perspective [J] . The Academy of Management Annals, 2009, 3 (1): 463 – 502.

[148] Oxley J. E. . Appropriability Hazards and Governance in Strategic Alliances: A Transaction Cost Approach [J]. Journal of Law Economics and Organization, 1997, 13 (2): 387 – 409.

[149] Park S. H. . Managing an Inter-organizational Network: A Framework

of the Institutional Mechanism for Network Control [J]. Organization Studies, 1996, 17 (5): 795 −824.

[150] Parnas D. L., Clements P. C., Weiss D. M.. The Modular Structure of Complex Systems [J]. IEEE Transactions on Software Engineering, 2006, 11 (3): 259 −266.

[151] Pfeffer J, Salancik G R. The External Control of Organizations: A Resource Dependence Perspective [M]. Redwood: Stanford University Press, 2003.

[152] Pondy L. R.. The Other Hand Clapping: An Information-processing Approach to Organizational Power [A]. Hammer T. H., Bacharach S. B.. Reward Systems and Power Distribution in Organizations: Searching for Solutions [C]. New York State School of Industrial and Labor Relations, Cornell University, 1977.

[153] Poppo L., Zenger T.. Do Formal Contracts and Relational Governance Function as Substitutes or Complements? [J]. Strategic Management Journal, 2002, 23 (8): 707 −725.

[154] Porter M. E.. What is Strategy? [J]. Harvard Business Review, 1996, 74 (6): 61 −78.

[155] Ragin, C. C. and P. C. Fiss. Net Effects Analysisversus Configurational Analysis: An Empirical Demonstration [A]. Ragin, C. C., Redesigning Social Inquiry: Fuzzy Sets and Beyond [C]. Chicago: University of Chicago Press, 2008.

[156] Ragin C. C.. The Comparative Method: Moving Beyond Qualitative and Quantitative Strategies [M]. Berkeley: University of California Press, 1987.

[157] Ring P. S., Ven A.. Structuring Cooperative Relationships between Organizations [J]. Strategic Management Journal, 1992, 13 (7): 483 −498.

[158] Rivkin J. W., Siggelkow N.. Balancing Search and Stability: Interdependencies among Elements of Organizational Design [J]. Management Science, 2003, 49 (3): 290 −311.

[159] Rivkin J. W., Siggelkow N.. Patterned Interactions in Complex systems: Implications for Exploration [J]. Management Science, 2007, 53 (7): 1068 −1085.

[160] Rochet J. C., Tirole J.. Platform Competition in Two-sided Markets

[J]. Journal of the European Economic Association, 2003, 1 (4): 990 - 1029.

[161] Ryan J. K., Sun D., Zhao X.. Competition and Coordination in On-line Marketplaces [J]. Production & Operations Management, 2012, 21 (6): 997 - 1014.

[162] Rysman M.. The Economics of Two-Sided Markets [J]. Journal of Economic Perspectives, 2009, 23 (3): 125 - 143.

[163] Sauvee L.. Efficiency, Effectiveness and the Design of Network Governance [C]. 5th International Conference on Chain Management in Agribusiness and the Food Industry, Noordwijk an Zee, Netherlands, June 7 - 8, 2002: 673 - 684.

[164] Schneider C. Q., Wagemann C.. Set-theoretic Methods for the Social Sciences: A Guide to Qualitative Comparative Analysis [M]. London: Cambridge University Press, 2012.

[165] Simons R.. Levers of Control: How Managers Use Innovative Control Systems to Drive Strategic Renewal [M]. Cambridge: Harvard Business Press, 1995.

[166] Suh T., Kwon I. W. G.. Matter Over Mind: When Specific Asset Investment Affects Calculative Trust in Supply Chain Partnership [J]. Industrial Marketing Management, 2006, 35 (2): 191 - 201.

[167] Tian L., Vakharia A. J., Tan Y., et al. Marketplace, Reseller, or Hybrid: Strategic Analysis of an Emerging E-commerce Model [J]. Production and Operations Management, 2018, 27 (8): 1595 - 1610.

[168] Tiwana A., Bush A. A.. Spotting Lemons in Platform Markets: A Conjoint Experiment on Signaling [J]. IEEE Transactions on Engineering Management, 2014, 61 (3): 393 - 405.

[169] Tiwana A.. Platform Ecosystems: Aligning Architecture, Governance, and Strategy [M]. San Francisco: Morgan Kaufmann, 2013.

[170] Uzzi B.. Social Structure and Competition in Interfirm Networks: The Paradox of Embeddedness [J]. Administrative Science Quarterly, 1997, 42 (1): 35 - 67.

[171] Van de Ven A. H., Delbecq A. L., Koenig Jr R.. Determinants of Coordination Modes within Organizations [J]. American Sociological Review, 1976, 41 (2): 322 - 338.

［172］ Walker G. , Poppo L. . Profit Centers, Single-source Suppliers, and Transaction Costs ［J］. Administrative Science Quarterly, 1991, 36 (1): 66 – 87.

［173］ Wathne K. H. , Heide J. B. . Relationship Governance in a Supply Chain Network ［J］. Journal of Marketing, 2004, 68 (1): 73 – 89.

［174］ Williamson O. E. . Comparative Economic Organization: The Analysis of Discrete Structural Alternatives ［J］. Administrative Science Quarterly, 1991, 36 (2): 269 – 296.

［175］ Williamson O. E. . Markets and Hierarchies: Analysis and Antitrust Implications: A Study in the Economics of Internal Organization ［J］. Accounting Review, 1975, 86 (343): 619.

［176］ Wu A. H. , Wang Z. , Chen S. . Impact of Specific Investments, Governance Mechanisms and Behaviors on the Performance of Cooperative Innovation Projects ［J］. International Journal of Project Management, 2017, 35 (3): 504 – 515.

［177］ Yan Y. , Zhao R. , Liu Z. . Strategic Introduction of the Marketplace Channel under Spillovers from Online to Offline Sales ［J］. European Journal of Operational Research, 2018, 267 (1): 65 – 77.

［178］ Zenger T. R. , Hesterly W. S. . The Disaggregation of Corporations: Selective Intervention, High-powered Incentives, and Molecular Units ［J］. Organization Science, 1997, 8 (3): 209 – 222.

［179］ Zollo M. , Reuer J. J. , Singh H. . Interorganizational Routines and Performance in Strategic Alliances ［J］. Organization Science, 2002, 13 (6): 701 – 713.

后　记

读博五年有余，六年未满，本书完稿之时，不免感慨万千！

踏上读博之路，虽属必然，但也仍然是对自己有更清晰的认知之后的重要决定。硕士毕业后，我非常幸运地成为山西财经大学的一名老师，虽然知道读博乃必然，虽然恩师孙国强老师不断提醒催促我读博，但仍出于科研兴致不高、女儿尚小等因素的考虑，一直原地踏步。直到2014年的一天我在东南大学李东教授的管理学公开课中看到"合纵连横：以森林的力量抵抗风暴"的教学视频时，听到李东教授讲到苹果公司的组织架构后，了解了"商业生态系统"，领悟了"平台"，认识到"一个单一的企业只能卖碳酸水，而一组企业却真的可以改变世界"。与此同时，各个行业的平台化转型如火如荼，苹果的Appstore正在改变着年轻人的生活方式，团购市场正在进行"百团大战"，滴滴、快的正在"烧钱抢人"，阿里巴巴、京东俨然已成为全球的明星企业，互联网平台给我平静甚至是沉静的内心带来了巨大的波澜，我迫不及待地想去接触它、想去探究它，于是我终于在硕士毕业6年之后再次踏上了求学之路。

读博五载有余，其间得到了太多人的帮助与支持。

恩师孙国强老师不仅是我学习之路的导师，更是我生活之路的导师。从2006年跟随孙老师读硕士至今，已15年有余，我深深地为孙老师的高尚品格所折服。学术上，孙老师不仅依靠自己的科研能力带领我们进行科学研究，还尽自己所能为我们提供一切可以提供的外部资源，拓展我们的知识库与认知能力，尽一切可能邀请学术明星来校讲课研讨，其中不乏学术权威。在孙老师为我们准备的一次次学术饕餮盛宴中，我学到了太多做科研甚至是做老师做人的学问。工作中，孙老师就像是一个喋喋不休的老父亲，追在我们身后催促我们的论文写作、课题申报，再一遍一遍地逐字逐句为我们修改论文和课题申报书，团队中每个人甚至是学校中每一个请教孙老师的人的论文和课题申报书中都留下了他伏案修改的身影。生活中，孙老师更像是一个慈祥的老父亲，关心我们每个人的生活与家庭，希望我们每个人都能拥有幸福的家庭生活。跟随孙老师 15 年有余，学会了如何严谨治学，学会了如何真诚待人，学会了如何幸福生活！何其有幸，能够成为这样一位品格高尚之人的亲传弟子！

　　博士二年级，学术研究的瓶颈出现，凭一己之力难以突破之时，我幸运地遇到了邱玉霞老师和石文萍师妹。我们组成了 3 人小组，定期研讨经典论文与书籍，从此我读懂了威廉姆森，不定期外出考察调研，接触了企业实际。生活所累，很难有时间翻译英文经典文献，这时总是小师妹石文萍主动请缨，至今已不记得她帮助我们翻译了多少经典，但在博士论文写作期间用到的大多数经典理论的文献翻译稿中都能看到她的笔迹。智商有限，有时甚多文献难以理解，每逢此，必求助于邱老师，她总能从理论出发结合实践给我启发；能力有限，抓破脑袋也无法完成的仿真模型，邱老师为我花费数月时间重新写起了代码；社交有限，却又想更多地了解企业实际，还是邱老师带着我们南下北上寻访企业。至今仍然清晰地记得，阅读经典文献时发现一些"星星之火"时的兴奋，难以读懂晦涩外文时的懊恼；至今仍然清晰地记得大热的三伏天，我们 3 人在工作室逐字逐句研读《共赢》时的触动；至今仍然清晰地记得新冠肺炎疫情期间，我们 3 人每天下午通过腾讯会议读文献时的坚持……。记得读博之初有位学者曾告诉我们，"你们不仅需要学术大家的指导，更需要能够陪伴你们一起并带领你们走出学术丛林的那个人"，我想，邱老师就是带领我和石文萍师妹一起走出学术丛林的那个人。何其有幸，能够与志同道合之人相互扶持、共同进步！

　　有幸在最初就加入孙老师的研究团队，团队中的每个老师都在我需要帮助之时不遗余力地帮助我，有吉迎东老师、赵文老师、张宝建老师、王莉老师、邹佳老师、张玲老师、张慧敏老师等。正是因为处在这样一个知识共享的团队中，我学会了用 Citespace 进行科学的文献分析，达到了事半功倍的效果，我学会了用 QCA 进行组态分析，拓展了研究方法，我深化了统计研究方法，不再局限于简单的多元回归，我领略了数千篇中外文经典文献，学习了大师级的写作手法……。也正是因为处在这样一个相互成就的团队中，我可以毫无顾忌地向各位老师展示我略显稚嫩的论文初稿，在各位老师的批评指正中，我的论文水平一次次提升，最终达到发表高级别期刊的程度。何其有幸，能处在这样一个坦诚相待的学者团队中！

读博5年有余，家人的支持才是最坚实的后盾。在我无暇顾及女儿之时，是父母公婆代我履行职责，解决我的后顾之忧，在我疲劳工作之际，是父母公婆代我收拾家务，给我一个干净整洁温暖的家，是他们在花甲之年的无私付出，成就了我的安心求学之路。何其有幸，能有这样无私奉献的父母公婆！

我读博求学之时，也是枕边人辛苦创业之际，虽常不得相见，但心意相通，相互扶持，相互成就。虽命运多舛，几近灭顶，但仍初心不改，坚持拼搏，终有回转。是他这么多年的在外打拼和负重前行，成就我的一片净土，也是他创业的决心和坚持激励我成为最好的自己。何其有幸，能与你共度一生，唯愿归来仍是少年！

我读博士，女儿读小学，岁月5载有余，女儿已出落得亭亭玉立，成为我最得意之作。女儿非常乖巧，是我求学路上最好的伙伴，她会监督我的学习，监督我的饮食，监督我的各个方面。为了树立一个好妈妈的形象，我只能严于律己。相互监督，成就了我们最健康的生活方式，成就了我们最刻苦的母女形象。何其有幸，能做你的妈妈！

读博5载有余，在恩师的带领下，在好友的相伴中，在家人的支持下，我不断领悟学术研究之精髓，庆幸自己而立之年寻得追逐之梦想。然而为自身拖延症所累，耗时5年之久，本书于今日完稿。思及此，愧对恩师，愧对自己。

余下半生，唯愿你我以梦为马，不负韶华，无惧风雨，砥砺前行！

2021年8月